Fritz Valtner

Das Leben und Wirken des Strohwitwers Fritz

Fritz Valtner

Das Leben und Wirken des Strohwitwers Fritz

1. Auflage 2009

Verlag DeBehr, Radeberg
Umschlaggestaltung:
Daniela Behr und Ute Kludig-Hempel,
nach einer Zeichnung von Kathrin Landherr
Illustrationen: Kathrin Landherr
ISBN-Nr. 978-3-941758-07-0

Inhalt

Vorwort

Eines Morgens, es war der 9. November 2004, ich saß noch am Frühstücktisch, geschah etwas, was mein Leben in den nächsten Monaten sehr stark verändern sollte.

Als ich noch am Frühstückstisch saß und die Schlagzeilen aus dem Lokalteil meiner Zeitung überflog, bevor ich mich dann selbst auf dem Weg zu meinen Kunden machen wollte, klingelte es, recht ungewöhnlich an diesem doch an sich sehr schönen, aber noch frühen Morgen, an unserer Haustür. Vor mir stand ein Polizist und sagte mir, dass sein Kollege noch kommen würde? Etwas verdutzt schaute ich ihn an?

Wie, der Kollege kommt später? Dieser bog gerade um die Ecke und hatte ein Fahrrad geschultert. Dann bekam ich die traurige Mitteilung, dass meine Frau Maria auf dem Weg zur Bahn, mit dem Fahrrad, angefahren und dabei schwer verletzt worden war. Sie wäre schon im Krankenhaus.

Dies war der Moment, der alles veränderte, der einen jungen Menschen aus dem Leben riss, der eine Familie sprengte, der mich dazu zwang, neue Aufgaben zu übernehmen und sich jetzt allein zurechtzufinden. So wurde ich zum „Strohwitwer".

Als ich dann auf dem schnellsten Weg ins Krankenhaus fuhr, um zu sehen, wie es um meine Frau stand, dämmerte es mir, dass dies ein langer und beschwerlicher Weg wird, den ich hier gehen musste.

Nach den ersten kritischen Tagen wurde es etwas heller um unsere Gesichter, aber es blieb noch eine lange Zeit sehr schwierig. Viele Wochen blieb meine Frau im Krankenhaus. Hier konnte ich jeden Tag bei ihr sein, dann folgten Monate in einer Reha-Maßnahme fernab von mir.

So blieb mir nur die Zeit am Wochenende die 290 km der Hinfahrt auf mich zu nehmen, sonst konnte ich ihr nur über Briefe berichten, wie es mir zu Hause erging, was ich machte und was sonst noch so in unserer Siedlung alles passierte.

Daraus entstanden auch die ersten Geschichten, die zum Teil einen großen Kern an Wahrheit besitzen, aber auch dazu gedacht waren, meine Frau nach den schweren Unfallfolgen aufzumuntern und wieder ihr herzhaftes Lachen zu hören.

Wenn Sie diese Geschichten lesen und ich auch bei Ihnen ein Lachen herauslocken kann, dann hat dieses Buch sein Ziel erreicht, denn Lachen ist die beste Medizin!

Ihr

Fritz Valtner

Die ersten Tage allein - Teil 1

Mein lieber Schatz,

heute möchte ich dir einmal einen Brief schreiben - alles, was geschehen ist, am Telefon zu erzählen, würde nämlich den Rahmen sprengen. Jetzt bist du schon über fünf Wochen nicht mehr zu Hause und ich kann dir sagen, es hat sich einiges verändert.

Nun mein lieber Schatz, wie sollte es auch anders sein, wenn du deine Lieben so lange alleinlässt? Da können ein paar kleine Pannen nicht ausbleiben. Keine Angst, es ist alles noch im normalen Bereich geblieben, aber lass dir alles der Reihe nach erzählen:

Als Erstes haben wir eine neue Hausordnung aufgestellt und die Arbeiten entsprechend den Fähigkeiten der Familienmitglieder aufgeteilt.

Vanessa und André sollten sich um die Waschmaschine und den Trockner kümmern, was sie ja auch in einem gewissen Maße taten. Jedoch mussten wir schnell eine neue Methode des Waschens entwickeln, da Vanessa mal wieder etwas nachlässig war und dies kam so: Vanessa sollte eine Maschine mit den zahlreichen Sachen ansetzen, was sie mit einem entsprechenden Widerwillen tat. Mit dem Erfolg, dass sich nach einer kurzen Waschzeit ein neuer Ton aus dem Keller meldete, den ich noch nicht kannte. Plötzlich gab es einen lauten Knall und dann eisige Stille.

Als wir in den Keller gingen, um nachzuschauen, wussten wir nicht, ob wir lachen oder weinen sollten. Es sah schlimm aus! Vanessa hatte die Waschmaschine nicht richtig verschlossen gehabt, da bei ihr mal wieder das Handy klingelte, und so wurde die Wäsche beim Schleudergang zusammen mit dem Wasser herausgeschleudert und war eine innige Verbindung mit den umliegenden Wänden eingegangen. Dies wäre nicht weiter schlimm gewesen, wenn nicht gleichzeitig die Türe der Waschmaschine mit abgerissen worden wäre und jetzt in der Wand zum Heizungskeller stecken würde. Zum Glück wurde der Heizungskessel nicht getroffen.

Nun, wenn wir jetzt waschen müssen, geht es entweder in den Waschsalon oder wir müssen die Sachen in der Badewanne waschen und draußen aufhängen. Das Trocknen über dem Trockner geht zurzeit nicht, da er leider ebenfalls von den umherfliegenden Sachen in Mitleidenschaft gezogen wurde. Also muss nun immer einer mit der Wäschespinne draußen im Garten im Kreis herumlaufen, damit die Wäsche an der Luft trocknen kann. Das sieht zwar etwas komisch aus, aber mit Musik, der Renner sind irische Volksweisen, und den zahlreichen Zuschauern macht das richtig Laune. Bei der letzten Wäsche haben wir hier ein kleines Volksfest gehabt, mit Musik und Guinnessbier. Wir hatten ein Sparschwein aufgestellt, was sich auch ganz ordentlich füllte. Das war richtig lustig, bis die Polizei kam. Leider war es einigen Nachbarn zu laut. Hm, gegen Mitternacht kann ich das verstehen.

Nun ja, mein Schatz, bei meinen Besuchen bei dir hast du mich gefragt, was wir uns denn so kochen. Eigentlich war die Küche schon lange kalt. Du warst gerade ein paar Tage weg, da kam jemand auf den Gedanken, mit dem Dampfkochkessel zu kochen, da ja so das Fleisch besonders zart bleibt, besser als in der Pfanne.

Also haben wir den Versuch gestartet, einmal Rouladen zu machen. Alles wurde schön zubereitet und wir hatten viel Spaß dabei. Also wurde der Topf mit den Leckereien gefüllt, verschlossen, auf den Ofen gestellt und mit hoher Flamme erhitzt. Nach drei Stunden tat sich noch immer nichts. Soviel ich wusste, sollte sich irgendwann das Ventil öffnen, damit der Dampf, der sich ja zwischenzeitlich gebildet haben musste, entweichen konnte. Aber irgendwie schien das nicht zu funktionieren.

Dann rief mich Angela an und wir kamen ins Plaudern, bis ein sehr scharfes Geräusch unser nettes Gespräch schlagartig unterbrach.

Nun, du wirst es nicht glauben, aber unser Dampfkochtopf war wie eine Rakete abgegangen. Zuerst hatte er die Abzugshaube und den Wandschrank komplett durchschlagen, wurde dann wahrscheinlich von der Küchendecke abgelenkt und raste durch die Küchen- und Badezimmertür. Leider ist die Wand zu unserem Nachbar scheinbar doch sehr dünn und der Topf hatte noch so eine hohe Geschwindigkeit drauf, dass er glatt die Wand durchschlug und in der Küche unserer Nachbarn zum Stehen bzw. zum Liegen kam. Zum Glück war keiner in der Küche. So blieb es nur bei einem reinen Sachschaden. Seitdem heißt es für uns: ab in die Dönerbude zu Büttgen. Du kannst mir glauben, mein Schatz, dass ich oft froh war, wenn ich dich besuchen und hier mal eine vernünftige Mahlzeit einnehmen konnte. Immer nur Döner und türkische Pizza ist ja auf Dauer auch nicht so prickelnd.

Leider gab es Silvester auch einigen Ärger. Nur gut, dass ich bei dir in Bad Berleburg war, sonst hätte ich mich nur noch mehr aufgeregt. In den umliegenden Häusern wurde scheinbar ganz toll gefeiert und wie es dann so ist, wurden einige übermütig und zielten mit leeren Sektflaschen auf unsere Scheiben. So wurden die hinteren Scheiben des Wintergartens und des Wohnzimmers total zerstört. Ebenso die Scheiben der Fenster auf der ersten Etage.

In der Not habe ich die Fenster in der ersten Etage mit einer Holzverschalung geschlossen. Aber etwas ungewohnt ist es schon, wenn man den ganzen Tag im Dunkeln sitzen bzw. liegen muss. Ein schöner Zustand ist dies ja auch nicht. Also wollte ich dem Umstand eine schöne Note abgewinnen und die Holzverschalung verschönern. Ich hatte in einer Zeitschrift ein sehr schönes Standbild gesehen und wollte dies nun auf die olle Holzverschalung aufbringen. Ich hatte mir verschiedene Farbtöpfe im Keller aufgemacht, auf ein Tablett gestellt und ging damit hinauf. Im Wohnzimmer, hier hatte einer den Staubsauger einfach liegen gelassen, stolperte ich über diesen und flog in einem hohen Bogen über den Tisch in die Couchgarnitur hinein.

Mann, hatte ich einen Dusel! Mir ist zum Glück nichts passiert, außer ein paar kleinen Prellungen. Das hätte auch schlimmer ausgehen können!

Nun ja, jetzt habe ich kein Bild auf der Holzverschalung gehabt, da sich die geöffneten Farbdosen über den Teppich, den Tisch und die Garnitur in verschiedenen Farben ergossen. Vom künstlerischen Standpunkt aus sah das eigentlich ganz hübsch aus. Ich hab es erst einmal so gelassen, vielleicht gefällt es dir ja und wir brauchen uns keine neuen Sachen kaufen.

Sonst ist eigentlich nicht mehr viel passiert, außer dass der Fernseher, nachdem er drei Wochen ununterbrochen lief, in Flammen aufging. Zum Glück fehlte dem Feuer der Sauerstoff im Wohnzimmer, so dass das Feuer keine Energie bekam und langsam wieder ausging. Daher wurden nur der Fernseher, die Stereoanlage, der Wohnzimmerschrank und die Wand leicht angekohlt, was sich aber schnell wieder herrichten lässt.

Mein lieber Schatz, könntest du aus deinem Zimmer den Spiegel abnehmen, sauber und sicher verpacken? Damit ich ihn bei meinem Besuch in der nächsten Woche mitnehmen kann? Das wäre sehr gut, da bei uns im Bad leider der Spiegel kaputt ist. Dies kam so: Beim Reinigen des Bades stand ich auf dem Badewannenrand und säuberte die Armaturen der Brause, als André hereinkam und die Brause aufdrehen wollte, um seine schlammigen Fußballschuhe zu reinigen. Er hatte jedoch nicht gesehen, dass ich die Brause in der Hand hatte und so die volle Ladung der aufgedrehten Leitung mitten ins Gesicht bekam. Vor Schreck verlor ich das Gleichgewicht. Halt suchend griff ich nach dem Spiegel und krachte samt diesem zu Boden. Keine Sorge – bis auf ein paar kleine Schnittverletzungen ist mir nichts passiert!

Mein Schatz, sei mir nicht böse, dass ich für heute schon schließen muss, obwohl ich dir noch einiges zu erzählen habe. Aber das kann ich ja auch beim nächsten Besuch in Ruhe machen. Du brauchst nicht in Panik zu verfallen, hier geht alles seinen Weg und wir kommen gut allein zurecht. Bisher haben wir ja alles mit Bravour geschafft. Du kannst stolz auf uns sein.

Ach ja, für Vanessa habe ich eine Wohnung gefunden, in welche sie schon in den nächsten Tagen einziehen wird. Ich bin wirklich gespannt, wie das wird. Auch André wird unser Domizil verlassen und mit Steffi, nachdem das Haus ihrer Eltern fertig ist, nach Schlich ziehen. Dann wird es bei uns etwas ruhiger werden.

Die Kinder werden flügge!

Mein Schatz, du fehlst mir schon sehr und ich hoffe, dass du bald, gestärkt an Leib und Seele, zurück kommst. Dies ist auch bitter nötig; wir müssen die kleinen Schäden beheben, die in der Zwischenzeit angefallen sind.

Nun wünsche ich dir noch ein paar schöne Tage in der Klinik, erhole dich gut von den Blessuren deines Unfalls! Wenn ich komme, gehen wir mal wieder etwas Leckeres essen!

Bis zum Sonntag, meine Liebe!

Dein Fritz

P.S.: Mir steigt schon wieder ein beißender Geruch in die Nase…mal sehen, was jetzt wieder los ist!

Die ersten Tage allein - Teil 2

Meine liebe Maus,

ich hoffe, es geht dir gut. Läuft der Heilungsprozess zufriedenstellend oder gibt es Probleme?

Leider musste ich meinen letzten Brief schnell zu Ende schreiben, da mir ein beißender Geruch in die Nase strömte. Als ich dem Geruch nachging, fand ich die Ursache sehr schnell. Mir blieb leider nichts anderes übrig, als die Feuerwehr zu rufen.

Vor längerer Zeit hattest du dich mal für ein transparentes Dach begeistert - erinnerst du dich noch daran? Nun, jetzt haben wir ein solches Dach. Transparent und luftig. Zwar müssen noch einige Arbeiten durchgeführt werden, aber von dem Traum sind wir nicht mehr weit entfernt. Also, das mit dem Dach kam so: Wie du weißt, bin ich immer sehr gerne oben auf dem Dachboden, weil es dort so gemütlich ist. Aus diesem Grunde hatte ich ein paar Kerzen angezündet, der Stimmung wegen. Wahrscheinlich hatte ein Teelicht keine Aluminiumschale und brannte sich so bis auf den Tisch durch und setzte diesen sowie einen großen Papierstoß in Flammen. Jetzt brauche ich den nicht mehr zu entsorgen. Nun ja, der Feuerwehr blieb nichts anderes übrig, als das Dach zu entfernen, damit gelöscht werden konnte. Du kannst dir gar nicht vorstellen, wie viel Wasser die brauchten, bis sie das Feuer unter Kontrolle hatten. Nach vier Stunden war der Brand endlich gelöscht und nach einem kleinen Umtrunk konnten die Jungs von der Feuerwehr den Heimweg antreten.

Allerdings mussten sie erst drei neue Fahrer anfordern, denn diejenigen, die an dem Umtrunk teilgenommen hatten, waren allesamt nicht mehr fahrtüchtig.

Für mich wurde es Zeit, denn ich musste noch schnell in den Baumarkt, um einige Sachen zu holen, damit ich das Dach verschließen konnte. Innerhalb von zwei Stunden hatte ich einen neuen, provisorischen Dachstuhl gezimmert und mit einer klaren Folie abgedeckt. Gegen Abend war ich fertig und konnte einen herrlichen, klaren Sternenhimmel beobachten. Einfach traumhaft! Jetzt kannst du den Großen Wagen, den Kleinen Bären und den Nordstern sehen. Super!

Für alle, die mir geholfen hatten, habe ich dann den Grill angeworfen, Würstchen aufgelegt und Bier kreisen lassen. Nachdem die Flaschen aus dem Kasten leer waren, wir aber noch Durst hatten, fiel mir ein, dass ich ja noch zwei Sixpacks im Keller hatte. Ich ging also in den Keller. Nun mein Schatz, du wirst es nicht glauben, auch ich musste zweimal hinschauen, aber nun haben wir einen Swimmingpool im Hause. Super, was!? Durch den Brand war das Wasser noch richtig warm und wir zogen uns alle aus, sprangen in das kühle Nass und machten uns über die restlichen Flaschen her. Es wurde eine tolle Poolparty. Wir haben bis in den späten Morgen gefeiert.

Stell dir mal vor, unsere liebe Nachbarin, die Barbara, hatte wegen der paar Kleinigkeiten, welche hier vorgefallen sind, einen Schreikrampf erlitten und ist mit den Nerven total am Ende. Nach dem kleinen Brand hier im Dachgeschoss musste sie in eine Klinik gebracht werden. Habe ihr einen

Blumenstrauß per Fleurop in die Klinik geschickt. Ich hoffe, dass dies auch in deinem Sinne ist.

Ich glaube, wir haben uns in den letzten Tagen sehr stark von unseren Nachbarn hier in der Siedlung abgesetzt. Wer hat schon einen Wintergarten als Dachstuhl und einen Swimmingpool im Keller? Niemand! Das muss uns erst mal einer nachmachen!

Als ich gestern Abend wieder in den Pool gehen wollte, bemerkte ich, dass das Wasser um die Hälfte gefallen war. Wo war es geblieben? Nach einigem Suchen fand ich ein mittleres Loch in der Wand zu unserem Nachbarn. Jetzt hat er auch einen Pool im Keller. Also habe ich nochmals das Wasser aufgedreht und es über Stunden laufen lassen, bis wir wieder eine schöne Höhe zum Schwimmen haben. Unsere Nachbarn ebenso.

Am frühen Morgen wurde ich durch einen Schrei geweckt, konnte aber nicht zuordnen, wo er herkam und schlief wieder ein. Aufgeschreckt wurde ich aber kurze Zeit später durch die Sirenen der Feuerwehr und dem Notarztwagen. Stell dir vor: Unser Nachbar, der Nils, wäre beinahe ertrunken! Schlimm so was. Ich weiß nicht, was er gemacht hat, aber er wurde treibend im Keller gefunden. Ob er um diese Zeit schwimmen wollte, konnte ich nicht erfahren. Schlimm, wie diese Familie getroffen worden ist, erst die Barbara in die Klinik, jetzt noch der Nils! Zum Glück konnten die Kinder bei Freunden unterkommen. Ja, das muss man alles erst mal verarbeiten.

Mein Schatz, für heute schließe ich, da ich noch zum Roten Kreuz fahren muss.

Bis auf bald!

Dein Fritzibärchen

Der Kurzurlaub aus der Klinik

Mein Engelchen,

da freue ich mich aber sehr, dass du für ein Wochenende nach Hause kommen kannst. Deine Mutter freut sich ebenfalls riesig, wenn du wieder bei ihr bist. Sie vermisst dich sehr.

Im letzten Brief hatte ich dir ja geschrieben, dass ich noch zum Roten Kreuz fahren wollte. Sicher wirst du dich fragen: "Was will mein Schatz beim Roten Kreuz?" Nun ja, ich war beim Roten Kreuz wegen der Feldbetten, anschließend beim Förster wegen des Brandholzes. Gut, dass ich mir einen kleinen LKW ausgeliehen habe, damit ich auch alles mitbekam. Sicher fragst du dich jetzt: „Feldbetten? Brandholz?"

Nun, das alles ist dringend vonnöten, denn wo willst du zum Beispiel schlafen, wenn du wieder zurück bist? Ich hatte dir ja geschrieben, dass wir jetzt einen Pool im Keller haben. Nun, wir haben jetzt zwar einen Pool, aber keine Heizungsanlage mehr, denn diese hat ihren Geist aufgegeben, als das Wasser in den Keller lief und die Anlage mit einem lauten Zischen und einem Knall ausging. Aber wie das Leben so spielt, haben wir unseren tollen Kamin im Wohnzimmer, der ja noch funktionstüchtig ist. Da die letzten Tage sehr kalt waren, habe ich alles, was wie Holz aussah, im Kamin verheizen müssen, damit es nicht zu Eiszapfen an den Wänden kam. Also musste auch unser altes Schlafzimmer dran glauben. Aber dieses wolltest du ja schon immer mal erneuern. Jetzt ist die beste Gelegenheit dafür. Ebenso für die Küche und das Wohnzimmer.

Im Moment geht es bei uns es etwas rustikal zu. Aber es ist schon toll, wenn wir im Garten unser Biwakzelt aufschlagen und dort auch kochen. Ganz beliebt ist unsere Gulaschkanone! Wenn wir die vollmachen und aufkochen, steht halb Büttgen hier in Schlangen an. Gestern haben wir über achthundert Portionen ausgegeben, den Teller zu fünf Euro. Wenn das so weitergeht, dann können wir vielleicht in zehn Jahren unser Haus neu renovieren.

Mein lieber Schatz, die letzten Wochen waren doch sehr anstrengend für mich mit den vielen Aufregungen, Ereignissen und den vielen kleinen Pannen, so dass ich mich richtig schlapp fühle. Heute ging es einfach nicht mehr und ich bin zu deinem Arzt gefahren. Dort habe ich ihm alles geschildert, was mir in den letzten Wochen passiert ist und natürlich auch das mit deinem Unfall. Er hatte sehr viel Verständnis für mich und meinte, dass es für mich wichtig wäre, einmal eine Luftveränderung zu bekommen und mich gleich für sechs Wochen in eine Kur in die Schweizer Berge geschickt. Leider geht es schon übermorgen los. Jetzt muss ich in aller Eile meine Koffer packen, daher muss ich nun langsam auch mit dem Schreiben aufhören, da ich sonst nicht alles schaffe.

Mein Schatz, mach dir um mich keine großen Sorgen. Ich werde damit schon fertig, wie ich auch zuhause mit allen kleinen Problemen bisher fertig geworden bin.

Dass ich so schnell verschickt werde, damit konnte ich nicht rechnen, dadurch sehen wir uns leider nicht mehr. Deshalb gebe ich dir noch ein paar Hilfen mit auf den Weg.

Wenn du durch den Fahrdienst gebracht wirst, beachte bitte folgende Punkte:

1. Die Türe ist nur leicht angelehnt, öffne sie bitte ohne großen Schwung, da die Halterungen nicht mehr ganz in Ordnung sind.

2. Wenn du das Licht anmachst, bitte achte darauf, dass du nicht mit deinen Füßen im Wasser stehst. Stromschlaggefahr!

3. Wenn du das Wasser aufdrehen möchtest, dann bitte nur ganz wenig und sehr sanft, denn das Abstellen wird schon etwas schwierig.

4. Sei sehr vorsichtig, wenn du in den Keller gehen willst, denn hier ist ja unser Swimmingpool. Einige Sachen schwimmen noch herum, aber die kannst du ja, wenn du schwimmen gehst, herausholen. Du kannst alles auf den großen Haufen neben der Garage werfen.

5. Wenn es mal stark regnet, gehe bitte nach oben ins Dachgeschoß und drücke die Folie mit einem Besen einmal nach oben, damit das Wasser ablaufen kann, Aber bitte ganz sachte! Nicht so, dass die Folie einreißt!

6. Brennholz liegt im Wohnzimmer, in der Küche, in der Diele, in den Kinderzimmern und im Schlafzimmer. Du brauchst also nicht zu frieren!

7. Denke bitte daran, dass es einmal in der Woche am Wochenende Eintopf für Büttgen gibt. In der nächsten Woche wäre eine Erbsensuppe dran.

Aber vielleicht lässt du dich direkt zu deiner Mutter fahren. Wäre vielleicht besser. Aber das musst du entscheiden.

Mein liebes Engelchen, die Zeit drängt mal wieder. Ich wünsche dir ein paar schöne Tage im Kreise deiner Lieben. Leider kann ich nicht dabei sein, was ich unendlich schade finde, aber die Gesundheit geht jetzt nun mal vor.

Erhole dich und freue dich auf dein Zuhause. In sechs Wochen sehen wir uns ja wieder. Sobald ich aus der Kur zurück bin, werde ich dich sofort besuchen. Ich hoffe, dass dann die Maßnahmen abgeschlossen sind und du dann endgültig wieder nach Hause kommen kannst.

Mit einem lieben Gruß

Dein kleiner Brummer

Das Wasserbett

Mein liebes Mäuschen,

ich hoffe, es geht dir gut und der Besuch bei deiner Mutter ist schön und angenehm verlaufen. Du wirst dich wundern, dass ich schon wieder zurück bin. Aber das hat folgenden Grund: Meine Firma braucht mich unbedingt für die Abwicklung eines großen Auftrages, den wir erhalten haben. So habe ich meinen Kururlaub abbrechen müssen und bin wieder zurückgefahren, obwohl es dort wunderschön war. Die Berge, die Luft, die Ruhe - einfach toll.

In den letzten Tagen habe ich die Schäden beseitigen lassen, die in den vergangenen Wochen angefallen waren. Ansonsten läuft alles wieder seinen gewohnten Gang. Hier ein kleines Problem, dort ein etwas größeres, aber keines, das man nicht lösen kann.

Wir hatten ja immer mal davon gesprochen, dass wir unser altes Ehebett irgendwann austauschen wollten. Du weißt schon - so mit neuen Matratzen und einem schönen neuen Unterbau. Letzte Woche bekam ich eine Werbeschrift in die Hand, die mir verlockend erschien. Also bin ich zu diesem Laden gefahren, um mich zu informieren. Ich habe mir von dem Verkäufer verschiedene Bettformen und -arten zeigen lassen. Als ich dem Verkäufer den Hinweis gab, dass wir auch etwas für unsere Bandscheiben suchten, zeigte er mir ein so genanntes Wasserbett. Das sah auch ganz toll aus. Ich habe dann dieses Bett sehr ausgiebig getestet und muss sagen, das hatte was. Als mir der Verkäufer dann noch einen wirklichen

Top - Preis machte, konnte ich nicht nein sagen und habe das Bett für uns bestellt. Ich hoffe, dass dies auch in deinem Sinne war.

Vorgestern wurde das Bett dann geliefert und aufgebaut. Hat auch alles prima geklappt. Wir hatten nun einen tollen Unterbau, dazu eine immer warme Oberfläche, was ja im Winter von unschätzbarem Vorteil ist. Die erste Nacht war noch etwas ungewohnt. Ich musste mich daran gewöhnen, mich langsam umzudrehen. Jede zu heftige Bewegung kann man mit starkem Seegang vergleichen. Nach der ersten Nacht war ich leicht seekrank, aber ich denke, dass sich das noch legen wird. Ich kann nur sagen, man schläft wie auf Wolke sieben! Eine etwas zu stürmische Liebesnacht könnte zwar vielleicht zu massiven Problemen führen, aber in unserem Alter gehen wir ja etwas bedächtiger zu Werke. Oder, mein Schatz?

Gestern Nacht aber wurde es mir doch sehr plötzlich sehr warm unter meinem Körper. Ich kam mir schon so vor, als wenn ich in einer Sauna wäre. Die Oberfläche wurde immer heißer und wölbte sich immer stärker auf. Beinahe wäre ich aus dem Bett gefallen. Das Liegen wurde immer unbequemer. Irgendwann bin ich dann aufgestanden und habe mir das Licht angemacht. Ich traute meinen Augen nicht! Das Bett wölbte sich immer weiter auf und hatte bald die doppelte Höhe erreicht. Die Oberfläche wurde immer heißer, so heiß, dass ich mir fast die Finger daran verbrannt hätte. Das Wasser im Inneren der Matratze kochte schon fast, man konnte es schon deutlich brodeln hören. Jetzt gab es aber leider ein Problem. Ich kam an den Stecker nicht mehr dran, der genau hinter dem Bett in der Steckdose an der Wand steckte. Was sollte ich machen? Die Lage wurde immer brenzliger. Ich beschloss, aus dem Zimmer zu gehen, zumal die Matratze sich immer weiter aufblähte und schon bald wie ein Ballon aussah. Kaum hatte ich die Tür hinter mir verschlossen, da gab es einen riesigen Knall. Ich hörte nur noch, wie die Scheiben der Fenster splitterten und Teile der Einrichtung umherflogen. Die Tür, die ich gerade verschlossen hatte, kam mir entgegen, nur durch einen Sprung in das Treppenhaus konnte ich mich in Sicherheit bringen. Wasser schoss durch die Räume. Als Erstes versuchte ich aus dem Haus zu kommen - wie auch unsere Nachbarn, welche ebenfalls durch den Knall aufgeschreckt wurden. Sie dachten zuerst, dass eine Gasleitung in die Luft geflogen sei. Ich sagte noch so aus Spaß: „Das hörte sich ja auch so an!" Kaum hatte ich diesen Satz ausgesprochen, gab es weitere heftige Schläge. Einige Blitze untermalten diese gespenstische Szene. Da fiel mir ein: Wenn Wasser und Strom zusammenkommen, dann ist das immer sehr gefährlich. So war es dann auch! Ich sagte schnell zu unserem Nachbarn, da ich ja nicht ins Haus gehen konnte: „Nils, ich glaube, es wird Zeit, dass du die Feuerwehr rufst, sonst stehen wir bald vor dem Nichts.

Kurze Zeit später trafen die Feuerwehren aus den umliegenden Dörfern bei uns ein und retteten, was zu retten war. Nach dieser langen Nacht konnten wir uns, völlig übermüdet, in einer Notunterkunft ausschlafen.

Als wir uns dann am anderen Morgen die Schäden ansahen, stellten wir fest, dass wir noch viel Glück gehabt hatten. Es hätte uns noch schlimmer treffen können. Die Brandspezialisten der Polizei stellten zum Glück für uns fest, dass der Brand durch einen defekten Netzstecker und

Transformator an unserem Bett entstanden ist. Zum unserem Glück hatte ich eine Garantie mit dem Verkäufer vereinbart, die jetzt voll greift.

So bin ich zurzeit mit Aufräumen beschäftigt. Ein Zimmer brauche ich nicht mehr aufzuräumen, da es schon vorher leer war - unser Schlafzimmer. Leider sind unsere Teppiche durch das heiße Wasser in Mitleidenschaft gezogen worden, aber jetzt sind sie dafür richtig sauber. Auch unsere Fliesen strahlen in einem neuen Glanz.

Eigentlich fand ich das Wasserbett ja ganz in Ordnung. Sollten wir uns noch mal ein neues zulegen? Oder doch lieber ein normales - was sagst du dazu?

So meine Liebe, nun will ich für heute schließen, denn ich muss ja noch einiges aufräumen, streichen und neu einrichten. Mache dir keine Sorgen, die paar kleinen Probleme bekomme ich schon in den Griff. Wenn ich nächste Woche wieder bei dir bin, dann werde ich dir alles darüber berichten. Ein paar Fotos habe ich auch gemacht.

Ach übrigens, unsere Nachbarn denken an einem Umzug, möglichst weit weg von uns! Eigentlich schade, ich habe mich immer ganz gut mit ihnen verstanden. Du doch auch - oder?

Bis bald

Dein Fritz

Der Maulwurf

Hallo mein lieber Schatz,

ich hoffe, es geht dir gut und alle Anwendungen helfen dir weiter bei deiner Genesung. Mir geht es gut! Warum glaubst du immer, wenn ich dir einen lieben Brief schreibe, dass wieder etwas passiert sein muss? Von den kleinen Pannen und Missgeschicken lasse ich mich doch nicht unterkriegen. Da gibt es nur eins: Augen zu und durch!

Zu Hause läuft alles seinen gewohnten Gang. Von unserem Sohn André habe ich schon lange nichts mehr gehört, ebenso von unserer Tochter Vanessa. Das kann nur Gutes bedeuten! Ja - und bei mir? Hier geht alles seinen gewohnten Gang. Viel Arbeit und wenig Freizeit.

Freizeit - ja, dies ist bei mir schon fast ein Fremdwort! Wie du weißt, verbringe ich die wenigen „Minuten" meiner Freizeit sehr gerne in unserem Garten. Besonders dann, wenn der Rasen frisch und schön gemäht daliegt, wenn die Blumen blühen, die Tomaten ihre Früchte zum Reifen in die Sonne halten, wenn die Vögel ihre Lieder singen und wenn die Nachbarn mit ihrem „Anhang" nicht da sind. Ja dann, kann man so herrlich abschalten!

BIS GESTERN!

Als ich am frühen Morgen des gestrigen Tages aufgestanden war, noch halb schlaftrunken im Wintergarten stand und durch die großen Scheiben auf unserem Rasen schaute, musste ich vier Mal hinschauen! Was musste ich da sehen? Fünfzehn große Maulwurfshügel! Fünfzehn Stück! Ich war geschockt! Ich konnte es nicht fassen! Die Tränen standen mir in den Augen. Mein schöner gepflegter Rasen. Zerstört! Von einem Maulwurf! Wie gelähmt stand ich da, zu keiner Regung fähig.

Das war der Beginn eines gnadenlosen Krieges!

Noch im Nachthemd und barfuß ging ich daran, die fünfzehn Hügel plattzutreten. Wie ein Wilder trampelte ich auf den Hügeln herum, aber dies brachte nicht viel. Dann nahm ich einen Schlauch, hielt ihn in einen der Hügel hinein und drehte den Wasserhahn voll auf. Lange passierte nichts, dann hatte ich einen fünfzehnköpfigen Springbrunnen. Ich ließ ihn so eine ganze Zeit laufen. Es hatte ja in der letzten Zeit doch etwas wenig geregnet und dem Rasen tat das kühle Nass ganz gut. Von einem Maulwurf sah ich aber nichts. Nachdem das Wasser noch eine Stunde gelaufen hatte, stellte ich es ab und begann mit Spaten und Harke die Maulwurfshügel zu glätten und nach einer weiteren Stunde hatte ich die Rasenfläche wieder so einigermaßen hergestellt. Dann fuhr ich zur Arbeit.

Als ich am späten Abend von meiner Tour zurückkam, in den Wintergarten ging und mein Blick auf meine Rasenfläche fiel, traf mich fast der Schlag! Was soll ich dir sagen? Nicht fünfzehn Hügel konnte ich zählen, nein, es waren über dreißig Stück! Ich murmelte nur noch so vor mir hin und sagte: „Na warte, mein Bürschchen, dir werde ich schon helfen.“

Dann fiel mir ein, dass ich noch von Silvester eine Menge schwere Schweizer Kracher hatte, die ich nicht verschossen hatte. Aber jetzt war die Zeit dafür reif! In jedem der dreißig Maulwurfshügel steckte ich einen schweren Kracher hinein, verkabelte ihn mit dem nächsten, so dass dies wie eine Kettenreaktion losgehen müsste.

Als alles an der Hauptlunte verkabelt war, kam der große Augenblick. Eine kurze Stille der Andacht, dann folgte das Zischen des Streichholzes, die Hand mit dem brennenden Streichholz glitt zur Lunte hinunter und setzte die Lunte in Brand. Ein schnelles Zischen bahnte sich seinen Weg. Dann hieß es Deckung nehmen und Sekunden später rissen in einem wilden Stakkato nacheinander 30 schwere Donnerschläge die Anwohner aus ihrer Abendruhe. Nach einer Viertelstunde war alles vorbei. Dichter Rauch stand über dem Grundstück. Langsam verzog sich der Rauch und ich konnte 30 große Krater in meiner Rasenfläche sehen. Vom Rasen sah ich keine Spur mehr. Die Krater waren bis zu einem Meter tief. Ich dachte mir, das hat der Maulwurf mit Sicherheit nicht überlebt. Oder doch? Voller Zweifel und mit einem großen Unbehagen ging ich in dieser Nacht zu Bett.

Fast noch in der Nacht, ich konnte kaum schlafen, stand ich auf. Es war drei Uhr morgens. Ich schnappte mir eine Taschenlampe und ging in den Garten. Was musste ich da sehen? Schon wieder neue Maulwurfshügel. Der Bursche hatte seine neue Wohnung einfach einen Meter tiefer verlegt. Jetzt wurde ich aber richtig sauer. Okay, wenn das nicht geholfen hatte, dann müssen halt schwerere Geschütze aufgefahren werden. Ich dachte schon an Senfgas. Oder besser eine Handgranate? Aber woher sollte ich so etwas bekommen? Ich also zum Übungsgelände der Bundeswehr. Ein kurzer Plausch mit einem Gefreiten, 20 Euro in die Hand gedrückt und ich konnte ein Dutzend Handgranaten mein Eigentum nennen. Dann fuhr ich nach Hause, es war so gegen Mittag, da sind ja zum Glück nicht so viele daheim. Ich habe mir schnell eine gute Deckung aufgebaut, währenddessen hatte mein Gegner weitere neue Hügel aufgetürmt.

Ich wurde an den Film „12 Uhr mittags" erinnert. Ich legte die entsprechende CD in meine Anlage hinein, drehte sie voll auf und nach dem letzten Schlag der Glocke unserer Dorfkirche ging das Inferno los. Innerhalb von 5 Minuten warf ich die 12 Handgranaten in unseren Gartenbereich hinein. Bis zu 4 m tief waren die Krater. Unseren Wintergarten fand ich zwei Häuser weiter wieder. Viel war da nicht mehr übrig geblieben. Mit einem Schlagwirbel auf einer Trommel wurde des toten Maulwurfs gedacht. An seine Flucht glaubte ich nicht mehr, da auch die Nachbargrundstücke mit riesigen Kratern bedacht worden waren. So fand er sein trauriges Ende!

Leichte Hilferufe drangen an mein Ohr. Sie kamen aus dem Nachbarhaus. Ich ging durch die offene Hinterfront in das Haus hinein und folgte den Stimmen, welche aus dem Keller kamen. Nachdem ich große Teile des Schuttes zur Seite geräumt hatte, konnte ich hineingelangen. Im Gaskeller saß meine Nachbarin mit ihren Kindern - und einem Nervenzusammenbruch! Ich konnte nur noch für einen Abtransport in eine Klinik sorgen.

So mein lieber Schatz, jetzt muss ich erstmal aufräumen. Ach ja, die Rückfront unseres Hauses musste wegen der Einsturzgefahr abgerissen werden. So sagte dies jedenfalls ein Feuerwehrmann. Na ja, dann wohne ich erstmal solange in einem Hotel.

Alles weitere dann bei meinem Besuch am Wochenende bei dir, mein Schatz. Ich freue mich schon sehr darauf, dich wiederzusehen.

Dein Fritz

Der Hamster

Meine liebe Schatzemaus,

ich freue mich, dass es dir wieder etwas besser geht und wir bei meinem Besuch ein so schönes Wetter hatten, dass ich dich wieder im Rollstuhl ausfahren konnte. Es hat richtig Spaß gemacht. Ich glaube, es war auch mal wieder gut für dich, an die frische Luft zu kommen.

Am Abend bin ich dann auch wieder gut nach Hause gekommen. Als ich gerade den Wagen in der Garage parken wollte, kam unser Nachbar, der Nils, auf mich zu und fragte mich:

„Fritz, wir müssen für ein paar Tage ins Saarland fahren und die Carola hat zu ihrem Geburtstag einen Hamster bekommen, den wir aber nicht mitnehmen können, da die Leute dort allergisch sind. Könntest du den Hamster solange in Pflege nehmen?" „Kein Problem, mache ich", antwortete ich. Also bekam ich "Flöttchen" in Pflege.

Am Abend hatte ich ihn noch schön mit Essen und Wasser versorgt, aber er zeigte sich überhaupt nicht. Na ja, dachte ich noch bei mir und ging dann auch ins Bett. In der Nacht wurde ich durch seltsame Geräusche wach. Da raste der Hamster wie wild in seinem Laufrad herum und machte einen höllischen Krach. Ich krabbelte aus meinen Bett, ging zum Käfig hin und kaum hatte er mich erblickt, rannte er raus aus dem Laufrad und ab in seine Höhle. Ich hatte mich gerade hingelegt, da hörte ich ein lang anhaltendes Strullern in einer Ecke, zum Glück auf Stroh. Dann ging die Jagd in dem Laufrad weiter.

Ich wieder raus. Er wieder in seinem Bau hinein. Kaum hatte ich mich wieder hingelegt, war gerade sanft eingeschlummert, da hörte ich wieder wilde Geräusche aus dem Käfig. Diesmal wurden Nüsse und andere Sachen genussvoll geknabbert. Aber diesmal blieb ich liegen! Nach einer gewissen Zeit der Ruhe ging die Hatz weiter. Wie ein Wilder raste der Hamster mit dem Laufrad um die Wette. So ging das eine ganze Stunde. Dann war ich es leid. Ich also wieder aus dem Bett heraus, hin zum Käfig und er verschwand wieder in seinem Bau. So ging das die ganze Nacht. Am anderen Morgen fühlte ich mich total, tja, gerädert. Der Hamster hatte sich nach seinen Eskapaden in der Nacht zurückgezogen und schlief mit lauten Geräuschen tief und fest. So sagte ich noch zu mir: "Warte du mal ab bis nachher, dann bist du mal dran!"

Nach einer kalten Dusche und einem kargen Frühstück sagte ich: „So, mein Lieber, nun wollen wir mal spielen!" Ich holte ihn aus dem Käfig, tief und fest schlief er, aber dies alles half ihm nicht mehr! Ich legte ihn auf den Teppich und stellte so einiges mit ihm an: Schubkarre fahren, im Kreise drehen, in einem Schal wurde er durch den Raum geschaukelt und noch so einiges. Langsam wurde er wach! Als ich ihn gerade wieder anschieben wollte, um mit ihm den Slalomkurs zu üben, rannte er auf einmal wie von einer Tarantel gestochen durch die Wohnung und direkt hinter den Schrank. Jetzt war Holland in Not! Alles Locken half nichts, selbst eine "Futterstraße" zu seinem Käfig reizte ihn nicht. Was ich hörte, war ein starkes Strullern auf Holz, aber diesmal ohne Stroh. Dann hörte ich ein ständiges Knabbern. "Na warte", sagte ich, "da hole ich dich schon raus"!

Ich holte meine Musikanlage hervor und legte eine Platte von Metallica auf. Volle Dröhnung! Aber das Vieh kam nicht heraus. Was habe ich nicht versucht - ihn mit dem Besen in eine Ecke zu treiben, mit einem feuchten Handtuch zu jagen. Aber alles half nichts. „Okay“, sagte ich, „dann eben auf die harte Tour.“ Ich also ab in den Keller, die Düse an unserem Staubsauber verlängert und dann lag ich mit dem Staubsauger vor dem Schrank und versuchte die Düse dorthin zu bekommen, wo sich der Hamster aufhalten müsste. Ich konnte ja nur ahnen, wo er sich gerade befand. Denn ich hörte nur ein ständiges Knabbern. Nach den Geräuschen müsste er eigentlich schon die halbe Rückwand des Schrankes zerstört haben. Über eine Stunde lag ich da vor dem Schrank, den Staubsauber auf volle Pulle laufend und immer den Geräuschen folgend. Aber jedes Mal konnte er mir entwischen. Auf einmal machte es “wupp”! Da hatte ich ihn! Jetzt kam er nicht mehr weg! Ich ließ noch eine Weile den Staubsauger so laufen. Jetzt guckte er ziemlich dumm aus der Wäsche und konnte sich nicht mehr wehren oder gar beißen. Diesmal hatte er verloren!

Langsam brachte ich ihn zu seinem Käfig, setzte ihn hinein und drehte die Drehzahl des Staubsaugers langsam zurück. Müde und völlig fertig schlich er sich in seinem Bau.

In dieser Nacht konnte ich in aller Ruhe schlafen, denn auch er ließ keinen Ton von sich hören. „Siehste”, sage ich noch zu mir, „geht doch! Also werden wir morgen wieder eine Runde zusammen spielen.” Erziehung ist doch eben alles!

Ich glaube, er war doch wieder sehr froh, als er von den Kindern abgeholt wurde. Schade, ich hatte mich gerade an ihn gewöhnt.

So, mein lieber Schatz, ich wünsche dir noch eine gute Genesung und sage bis zum Sonntag, wenn ich wieder zu dir komme.

Bis dahin verbleibe ich mit einem lieben Gruß

Dein Fritz

Die Hausmeistervertretung

Hallo, mein lieber Schatz,

heute habe ich mal wieder etwas Zeit gefunden, dir zu schreiben. Es freut mich, dass deine Verletzungen sich langsam bessern und du weitere Fortschritte in Sachen Genesung machst. In der nächsten Woche komme ich dich wieder besuchen und dann haben wir uns einiges zu erzählen. Aber eines möchte ich dir doch noch schildern, bevor andere das tun und mich in Misskredit bringen.

Also, ich hatte in der letzten Woche an dem Wochenende, wo ich leider nicht zu dir kommen konnte, eine Aufgabe bzw. eine Vertretung für meinen Freund Peter angenommen, da er in den Stand der Ehe getreten ist, oder vielleicht anders ausgedrückt, in den Stand der Ehe getreten worden ist. Wie du weißt, ist er ja Hausmeister in einer großen Mietanlage mit über 380 Mietparteien und hatte mich gebeten, hier für zwei Tage seinen Dienst zu übernehmen. Brav, wie ich bin, habe ich das auch gemacht. Aber was ich da erlebt habe? Oh, mein lieber Gott!

Aber alles der Reihe nach.

Peter hatte mich kurz eingewiesen und meinte noch so: „Also mein lieber Fritz, es wird nicht viel los sein." – „Gut", sagte ich noch, "ich habe mir ein Buch mitgebracht, dann habe ich ja etwas zu tun." Peter raste zu seiner Hochzeit und ich saß allein in dem Hausmeisterbüro. Die erste Stunde war auch sehr ruhig. Ich konnte zahlreiche Seiten in meinem Buch lesen. Aber dann ging es los! Anruf aus dem 12. Stock, Wohnung 36.

Ich habe mein Köfferchen genommen, ab in den Aufzug rein und rauf in den 12. Stock und die Wohnung 36 gesucht. Als ich schwer pustend ankam, stand der Wohnungsinhaber schon in der Tür und rief mich aufgeregt zu sich.

Er hatte beim Bohren eines Loches eine Wasserleitung getroffen. Das Wasser schoss in einem scharfen Strahl in die Wohnung. Gemeinsam versuchten wir das Loch abzudecken. Aber das war nicht so einfach. Dann konnte ich eine Schraube in das Loch eindrehen und der Wasserstrahl wurde kleiner. Wir waren total nass. Zum Verschnaufen kamen wir nicht lange, denn es hatte sich ein starker Druck aufgebaut, die Wand wölbte sich auf. Die Wölbung wurde immer größer und größer! Gebannt schauten wir diesem Schauspiel zu. Auf einmal gab es einen riesigen Knall und aus der Wand flogen große Teile heraus. Das herausströmende Wasser glich schon mehr einem Wasserfall als einer Fontäne. Was sollte ich jetzt tun? In meiner Not setzte ich den Wohnungsinhaber mit drei Badetüchern um den Allerwertesten gewickelt in das doch mittlerweile recht große Loch hinein und rief ihm zu: "Jetzt nur nicht aufstehen, ich werde versuchen den Hauptwasserhahn abzudrehen" und rannte los.

Auf dem Weg nach unten ereilte mich der nächste Notruf. Eine alte Dame hatte sich ausgesperrt und war schon total geschwächt von der Aufregnung, nicht in ihre Wohnung hineinzukönnen. Also noch kurz einen Halt gemacht im 3. Stock, Wohnung 12. Hier lag die alte Dame schon geschwächt auf dem Boden. Was sollte ich machen? Ich nahm die Axt, drei bis vier kräftige Schläge - und die Wohnungstür hatte aufgegeben. Schnell half ich noch der alten Dame in ihre Wohnung, da ereilte mich schon der nächste Notruf. Achter

Stock, Wohnung 16! Starke Rauchbildung! Feuer? Ich also wieder hoch in den 8. Stock. Die Tür war zu! Wieder kam die Axt zu Einsatz. Tür aufgebrochen, leblose Person am Boden, alles voller Qualm. Die Ursache war ein verbranntes Stück Steak in der Pfanne. Ich riss die Fenster auf, wollte die Pfanne vom Ofen nehmen, was aber nicht einfach war, da sich diese mit dem Herd sehr verbunden fühlte. Aber auch hier tat die Axt ihre Pflicht und die Pfanne flog in einem hohen Bogen aus dem Fenster direkt auf die Straße. Ich machte schnell das Fenster wieder zu. Sekunden später hörte ich einen schrecklichen Knall. Er kam von unten. Dann drückte ich der leblosen, männlichen Person den Schlauch aus dem Badezimmer in die Hand und drehte die kalte Brause voll auf. Das weckte seine Lebensgeister wieder.

Dann kam schon der nächste Hilferuf bei mir an. Diesmal der erste Stock, Wohnung 3. Stromausfall! Also schaute ich mir die Lage dort kurz an und stellte fest, dass eine Verkabelung nicht in Ordnung war. Kurz die Leitung umgepolt, dann wurde es auf einmal ganz hell und plötzlich war es tiefe Nacht im ganzen Haus. Also ab in den Keller. Hier habe ich verzweifelt den Sicherungskasten gesucht. Aber schon folgte der nächste Notruf. Wieder die achte Etage, diesmal die Wohnung Nummer 12. Bevor ich aber zu dem neuen Notfall in der achten Etage eilte, schaute ich nochmals bei dem Notfall in der 12. Etage, Wohnung 36, nach. Der Wohnungsinhaber saß immer noch in dem Loch. Das Wasser lief zwar noch, aber schon bedeutend langsamer. Der Flur stand zwar etwas unter Wasser, aber ein großer Teil konnte in den Aufzugschacht ablaufen. Ich rief dem Wohnungsinhaber noch schnell zu: „Aushalten, Aushalten! Rettung naht!"

Ich wieder runter in den achten Stock, zur Wohnung 12. Frau Fredestein, eine so genannte grüne Witwe, stand in einem leicht durchsichtigen Morgenmantel, der nur wenig verhüllte, mit einer Kerze im Türrahmen und fragte mich lasziv, „ob ich wohl Feuer hätte?" „Aber natürlich", sagte ich und sie zog mich in ihre Wohnung. Nur unter der größten Anstrengung und wegen weiterer Hilferufe von drei Bewohnern gelang es mir, mich aus den Klauen dieser Dame zu befreien. Ein Blick aus dem achten Stock ließ mir das Blut in den Adern gefrieren. Auf der Straße vor dem Haus standen die Feuerwehr, Krankenwagen und eine Menge Polizei. Einer der Polizisten hielt die Pfanne in der Hand, schaute nach oben und schüttelte den Kopf. Zum Glück waren alle Fenster geschlossen.

Dann ab zu dem nächsten Notfall! Aber hier konnte ich nichts mehr machen Der Aufzug lief nicht mehr und einige Leute saßen jetzt fest. Also von denen konnte jetzt kein Notruf mehr eingehen. Gott sei Dank. Kaum hatte ich mal kurz Luft geholt, erfolgte der nächste Notruf. Jetzt war ich seit fast 8 Stunden ununterbrochen im Einsatz gewesen und Hunger hatte ich auch. Also ließ ich erst mal Notruf Notruf sein und ging nach draußen, um mich an der Dönerbude um die Ecke zu stärken. Hier aß ich dann einen großen Döner und genoss ein Glas Rotwein. In der Zwischenzeit gingen weitere Notrufe ein, aber ich konnte die Leute per Telefon beruhigen, dass alles getan wird, um die Situation zu beheben. Sie mögen nur etwas Geduld haben.

Dann folgten mehrere Anrufe aus der 11. Etage. Wassereinbruch! Als ich dort ankam, tropfte das Wasser von der Decke. Sah aus wie bei einem ruhigen Landregen. Ich konnte mir nicht erklären, wo das Wasser herkam. Wir hatten ja nur das kleine Problem in der 12. Etage. Aber dies konnte doch diese Wassermengen nicht ausmachen? Oder doch? Ich also eine Etage höher, ab in die Wohnung 36. Da war doch der Wohnungsinhaber sage und schreibe aus dem Loch gehüpft mit dem Hinweis, er könne nicht mehr! Sein Hinterteil wäre schon ganz rot und wund von dem starken Wasserdruck! Mit ein paar kräftigen Ohrfeigen machte ich ihm klar, dass es notwendig ist, dass er das Loch abdeckt. Ich nahm ihn, drückte ihm zwei Bettdecken unter den Hintern und drückte ihn fest in das Loch hinein. Dann drohte ich ihm, wenn er das Loch noch einmal verlässt, dann würde ich ihn höchstpersönlich aus dem Fenster werfen. „Hier herrscht das Chaos und Sie wollen aufstehen?“ Dabei hat er doch gerade für dieses Chaos gesorgt! „Es wird gedichtet, bis Hilfe kommt!”

Ich war total fertig, übermüdet und völlig verzweifelt, als mich dann der nächste Notruf ereilte. Das Einzige, was mir an diesem Notruf froh stimmte, war die nette Stimme, die diesen Notruf absetzte. Ein süßes Stimmchen mit einem französischen Einschlag. Ich also runter in die 5. Etage, Wohnung 15. Als ich ankam, stand sie schon in der Tür, schaute mich hilflos mit ihren großen, dunklen Augen an und sagte: “Es wäre schön, wenn Sie mir helfen könnten!“

Ich fragte: „Womit könnte ich Ihnen helfen?” Sie führte mich in ihr Wohnzimmer, wo viele Kerzen brannten. Ach ja, wir hatten ja kein Strom. Sie sagte, sie bekäme eine große Sektflasche nicht auf. Schnell hatte ich die Flasche auf und sie lud mich zu einem Glas Sekt ein. Wir kamen ins Gespräch.

Am anderen Abend wurde ich von Peter unsanft auf dem Sofa der Französin geweckt. Peter war kalkweiß im Gesicht. Er sagte mir, sie hätten einen völlig aufgequollenen Wohnungsinhaber gefunden, der in einem Loch saß. Drei Etagen sind abgesoffen, der Keller geflutet, der Aufzugschacht komplett mit Wasser gefüllt. Die eingeschlossenen Fahrstuhlbenutzer wären beinahe ertrunken. Die Feuerwehr konnte sie gerade noch rausholen. Der Strom im gesamten Gebäude sei ausgefallen. Dann wollte er noch von mir wissen, was denn nun los gewesen sei. Ich sagte ihm: „Kaum warst du weg, da gingen die ersten Notrufe ein und dies hielt die ganze Zeit an. Ich hatte keine Zeit mehr, um überhaupt noch einen klaren Kopf zu bekommen! Und dann kam der letzte Notruf, nach über 15 Stunden im Einsatz! Und der hat mir den Rest gegeben." Peter schaute mich vielsagend an und meinte nur noch: "Ja ja, diese Geduld." Ich schaute ihn an und sagte: „Hm, du hast recht!"

Aber eins kann ich dir sagen, mein Schatz: Hausmeister spiele ich nicht noch mal! Das ist mir viel zu anstrengend!

Für heute schließe ich mal, mein lieber Schatz, wünsche dir noch eine schöne Woche und freue mich schon auf Sonntag, wenn ich wieder bei dir bin. Gehen wir dann wieder ein Eis essen? Es soll schön und warm werden.

Mit einem lieben Kuss von

Deinem Fritz

Freitag, der 13.

Hallo mein lieber Schatz,

ich hoffe, es geht dir gut und du hast Freitag, den 13. ohne große Zwischenfälle überstanden. Für mich kann ich das leider nicht sagen. Aber das werde ich dir noch im Einzelnen erzählen. Wenn alles gut geht, komme ich zum nächsten Wochenende wieder aus dem Krankenhaus heraus. Du wirst dich jetzt sicher fragen: “Wie, im Krankenhaus?“

Das kam so:

Nun, als ich am Freitagmorgen aufstand, da hatte ich schon so ein mulmiges Gefühl im Bauch. Hätte ich nur auf mein Gefühl gehört und wäre im Bett geblieben! Aber leider war mein Pflichtbewusstsein doch stärker. So nahm das Schicksal seinen Lauf. Ich also mit einem Schwung aus dem Bett heraus, schnellte hoch und donnerte mit meinem Kopf an die Dachschräge in unserem Schlafzimmer. Im ersten Moment war ich wie benommen, eine große Delle bildete sich. Ich nahm den Weg ins Bad auf, kam aber nicht sehr weit, da ich mich an der Truhe in der Diele schwer stieß. Jetzt hatte nicht nur eine Delle am Kopf, sondern auch noch einen riesigen blauen Fleck an meinem Knie. Im Bad habe ich dann erstmal meine Wunden gekühlt.

Dann wollte ich mich rasieren. Ich nahm meinen Rasierer, steckte den Stecker in die Dose und stellte den Rasierer an. Mich beschlich ein leichtes Kribbeln, welches aber immer stärker wurde. Dann gab es einen Knall, eine Stichflamme schoss aus dem Rasierer und ich warf ihn auf dem Boden, wo er langsam sein Leben aushauchte. Also versuchte ich mich dann von Hand zu rasieren, was aber sehr mühevoll und blutig wurde. Mit viel Alaun und Glück konnte ich meine Morgenwäsche beenden.

Dann ging es runter in die Küche. Aber irgendwie sollte das heute nicht mein Tag sein. Kaum hatte ich mir einen Topf mit Wasser gefüllt, zwei Eier hingelegt und die höchste Feuerstufe eingestellt, da klingelte das Telefon. Ich also hoch ins Büro, nahm den Hörer ab und ein Kunde wollte noch eine größere Bestellung aufgeben. Daher dauerte das Gespräch eine gewisse Zeit. Endlich war das Gespräch zu Ende und ich konnte wieder runter in die Küche. Als ich unten ankam, roch es sehr streng. Da sah ich die Bescherung. Obwohl es noch nicht Weihnachten war, glühte der Topf in einem sehr schönen feuerroten Farbton - wie ein Weihnachtsstern. Das Wasser war zwischenzeitlich verdampft, die Eier heiß und hart wie Beton. Ich stellte erstmal den Ofen aus und versuchte den Topf von der Herdplatte zu bekommen. Nicht möglich! Nur unter den größten Anstrengungen konnte ich ihn in die Spüle werfen. Fast eine halbe Stunde hat es gedauert, bis das Wasser den Topf gekühlt hatte. Der Herd sah auch sehr fertig aus. Vor lauter Aufregung hatte ich keinen Hunger mehr.

Dann machte ich mich fertig für die Tour zu meinen Kunden. Kaum war ich aus Büttgen heraus, lief mir von links eine schwarze Katze über die Fahrbahn. Um Gottes willen, dachte ich noch bei mir, was kommt heute noch alles auf dich zu?

Aber ich ließ mich nicht beirren, sondern nahm Fahrt auf, um schnell beim ersten Kunden zu sein. Ich ab über die Autobahn, durch die Baustelle durch, dann weiter mit dem Bleifuß. Nach wenigen Kilometern wurde ich von einem grünen Polizeiauto gestoppt. Der sehr nette Polizist meinte, ich hätte doch einen sehr flotten Fahrstil und um diesen etwas zu bremsen, sollte ich mit einem Bußgeld von 100 Euro dabei sein! Mir blieb nichts anders übrig, als diesem Wegelagerer den Obolus zu zahlen.

Aber zum Glück ging es weiter und ich konnte die Zeit wieder aufholen. Schnell hatte ich meinen neuen Kunden gefunden, den Wagen geparkt, meine Verkaufsunterlagen geschnappt und dann rein zum Kunden. Wir waren gerade im Gespräch bei einer Tasse Kaffee, als mein Geschäftspartner etwas unruhig aus dem Fenster schaute. Er fragte mich: „Haben sie einen weißen Passat mit dem Kennzeichen SW…?“ „ Ja”, sagte ich. „Dann wurde der gerade abgeschleppt”, antwortete mir noch mein Kunde. Ich stürzte aus dem Gebäude, auf die Straße und konnte nur noch den Rücklichtern nachschauen. Ich wieder hinein, habe das Gespräch mit meinen Kunden weitergeführt, einen schönen Auftrag erhalten und ließ mir dann ein Taxi rufen. An der Sammelstelle löste ich mein Auto wieder aus. Der Spaß kostete 195 Euro. Aber was sollte ich machen?

Weiter zu meinem nächsten Kunden. Schnell war ich da, das Auto geparkt und rein. Ich hörte zwar noch ein leises Zischen, aber machte mir keine weiteren Gedanken dazu. Als ich dann von meinem Kunden mit einem schönen Auftrag in der Tasche zurückkam, stand mein Auto etwas schief, und ich sah, dass zwei Reifen auf der rechten Seite platt waren. Ich konnte es nicht begreifen! Ich hatte ja nur einen Ersatzreifen. Den ADAC gerufen, zwei Stunden gewartet, dann konnte es weitergehen.

Ich also auf zum nächsten Kunden, der schon auf mich wartete. Kaum hatte ich geparkt, als mir eine Autofahrerin vorne den linken Kotflügel und die Stoßstange abfuhr. Sie hatte das kaum bemerkt, da sie gerade sehr intensiv mit ihrem Freund telefonierte. Zum Glück machten andere Autofahrer sie darauf aufmerksam, sonst wäre Fahrerflucht ein Thema gewesen. Also wieder warten auf die Polizei, bis sie den Unfall aufgenommen hatte. Ich sammelte meine Teile auf, legte sie in den Kofferraum. Zum Glück war mein Auto noch fahrbereit. Ich ab zu meinem Kunden. Bei einer Tasse Kaffee machten wir noch unsere Späße über Frauen am Steuer und so.

Dies war mein letzter Kundenbesuch für heute und da es schon spät war, machte ich mich auf den Weg nach Hause. Kaum war ich auf der Strecke, da bekam ich einen Anruf von meinem zweiten Kunden, den ich heute besucht hatte. Er musste seinen Auftrag stornieren, da sein eigener Kunde nicht zahlungsfähig sei. Traurig fuhr ich weiter. In Köln stand ich an einer Ampel und dachte so über den heutigen Tag nach. Plötzlich sah ich zwei riesige Scheinwerfer eines Autos auf mich zukommen, welche plötzlich verschwanden. Und dann es gab einen lauten Knall. Ich wurde fast aus dem Sitz geschleudert, der Airbag ging auf - und es war still. Nach einiger Zeit hörte ich aufgeregte Stimmen, die Tür wurde aufgerissen und man fragte mich nach meinem Befinden. Ich konnte nur noch sagen: „Ja, ja, Freitag der 13.!" Dann hörte ich auch schon das Martinshorn. Die Polizei traf ein, sperrte die Kreuzung und ich wurde von Rettungskräften aus den Resten meines Fahrzeuges gezogen und auf eine Trage gelegt. Aus dem Augenwinkel sah ich gerade noch, dass mein Auto um etwa einen halben Meter kürzer geworden ist. Auch den Auffahrenden hat es sehr stark erwischt.

Aus ein paar Wortfetzen bekam ich mit, dass der Unfallverursacher diesmal wieder eine Frau war und auch hier das Handy eine Rolle spielte. Ich hörte noch, wie sie unter Tränen sagte, ihr Freund wollte gerade mit ihr Schluss machen und dann hätte es auch schon geknallt.

Auf dem Weg ins Krankenhaus dachte ich über diesen Tag nach. Zuerst die Beule beim Aufstehen, dann das Drama im Bad und in der Küche. Dann unterwegs zuerst das Bußgeld, dann das Abschleppen meines Autos, die zerstörten Reifen, der erste Unfall durch eine Frau und den zweiten jetzt wieder durch eine Frau. Nein, das war für heute schon zuviel. Ich konnte nur hoffen, dass ich jetzt in Sicherheit war. Aber dies war nur ein Trugschluss.

Mit hohem Tempo raste der Krankenwagen in die Klinik, dabei war ich doch gar nicht so schwer verletzt! Etwas langsamer wäre besser gewesen. Aber ich hatte keinen Einfluss darauf. Auf einmal gab es einen riesigen Schlag auf die Vorder- und Hinterachse des Krankenwagens. Ich flog im hohen Bogen mit der Trage durch den Wagen und kam mit dem Gesicht wieder auf dem Boden auf. In dieser für mich sehr unglücklichen Lage blieb ich, bis der Wagen im Hospital vorfuhr. Meine Lage wurde erst bemerkt, als man die Türe öffnete.

Kaum war ich verarztet, wurde ich mit dem Krankenbett durch eine Schwester auf mein Zimmer gefahren. Bei einem schnellen Rückblick auf den heutigen Tag war mir mit einem Schlag bewusst, dass diese Schwester mein Unglück sein sollte. Kaum hatte ich dies gedacht, wurde die Schwester durch einen Zuruf abgelenkt, ließ mein Bett laufen, direkt durch die offen stehenden Türen des Treppenhauses. Ich raste mit dem Bett die Treppe hinunter. Zum Glück stoppte eine Mauer meine rasante Fahrt. Ich kippte auf die Seite, rutschte von dem Bett und weitere Stufen hinunter. Was soll ich dir sagen? „Beinbruch!" Ich wieder ab in den OP hinein, wurde neu eingegipst und bat dann den Chefarzt, mich doch persönlich auf das Zimmer zu bringen. Gesagt, getan! Wir bzw. ich kam diesmal ohne weitere Verletzungen auf meinem Zimmer an.

Es war schon sehr spät, so gegen 23 Uhr. Zitternd, bangend, hoffend, unruhig, nervös wartete ich auf den Gongschlag der Uhr. 24 Uhr! Mitternacht.

Endlich war der Freitag, der 13., vorbei! Endlich konnte ich aufatmen. Endlich konnte ich wieder lächeln, wenn auch nur gequält, denn meine Verletzungen schmerzten doch sehr. Ich hoffe, dass du diesen Tag besser überstanden hast als ich. Oder?

Mein Liebling, diesen Brief ließ ich durch eine nette, reizende Schwester, sie heißt Chantal, schreiben. Aber ich denke, dass ich bald wieder daheim bin.

Bis dahin zeichne ich, da ich nicht schreiben kann, dir die besten Wünsche und sage mal:

Bis auf bald!

Dein Schatz

In der Sauna

Mein lieber Schatz,

Ich hoffe, es geht dir gut und du kommst mit deinen Therapien zügig voran. Mir selber geht es wieder gut und wie du siehst, kann ich auch schon wieder schreiben. Ja, dieser Freitag, der 13. hatte es schon in sich, aber ich bin froh, dass er endlich vorbei ist.

Dies habe ich mir auch vor ein paar Tagen gesagt. Sicher hast du es schon bemerkt, dass du mich seit drei Tagen zuhause nicht erreichen konntest. Aber du brauchst dir keine Sorgen zu machen. Ich liege nur im Krankenhaus. Ach oh Gott, was ist denn jetzt schon wieder passiert, wirst du dich fragen.

Nun, das kam so:

Vor vier Tagen ging ich in die Sauna, um mich endlich zu entspannen. Tasche gepackt und ab nach Bergheim. Du kennst es ja! Da, wo die großen Fische unten im Umkleidebereich im Bassin schwimmen.

Schon in der Umkleide ging es los. Ich hatte gerade den Spind aufgeschlossen und meinen Kulturbeutel aus der Tasche genommen, welchen ich dann auf die breite Brüstung stellte. Als ich mir gerade die Hose ausziehen wollte, verlor ich das Gleichgewicht, suchte nach einem Halt und konnte mich gerade noch an der Brüstung festhalten. Dabei fiel der Kulturbeutel runter, direkt in das Fischbecken. Nach dem Sturz in die Tiefe schlug die Flasche mit dem Haarshampoo so unglücklich auf den Beckenrand auf, das sie aufplatzte und der

Inhalt sich in dem Fischbecken entlud, genau über einem Wasserfilter. Das schäumte! Verzweifelt versuchten die Fische nach Luft zu schnappen. Aber was bekamen sie: Schaum vor den Mund und ihr Schuppenkleid wurde heller.

Zum Glück hatte dies keiner bemerkt. Ich rannte schnell runter, sammelte die Sachen ein, zog mich aus und dann ab unter die Dusche. Ich hatte mich ordentlich mit Seife und dem Rest des Shampoos eingeschäumt und wollte mich gerade abduschen, als mir die Seife aus der Hand flutschte, direkt in den Gang unter den Fuß eines älteren Herrn, der damit ja nicht gerechnet hatte. In einer eleganten Rolle stürzte der Herr vorwärts, schlug mit dem Gesicht auf den Boden und verschwand kopfüber ins Tauchbecken. Nachdem man ihn mit viel Mühe aus dem Tauchbecken herausgezogen, der Notarzt ihn versorgt und abtransportiert hatte, konnte ich endlich meinen ersten Saunagang antreten. Wie du weißt, fange ich ja immer mit der Infrarot - Sauna an. Hier ging noch alles glatt. Dann ab in die Kräutersauna. Einfach herrlich, der Duft der frischen Kräuter. Nach diesem Gang und der anschließenden kalten Dusche fiel mir der Whirlpool ins Auge. Also rein zum Entspannen. Nachdem ich so einige Zeit darin gesessen habe, rutschte mir ein “Magenbläschen” raus. Die anderen Benutzer wunderten sich schon über die starke Blasenbildung und einen etwas strengen Geruch. Ich schaute die anderen mit strafendem Blick an und verließ den Pool. Es wurde auch langsam Zeit für den ersten Aufguss!

Mit Mühe bekam ich noch einen Platz in der obersten Reihe der Sauna. Ganz schön heiß war es hier. Der Bademeister kam und brachte seinen Aufguss auf: eine tolle Mischung aus Lavendel, Minze und einem Schuss Calvados. Als er mit dem Handtuch den Aufgussduft verteilen wollte, passierte es! Die ersten beiden konnte ich ja noch mit Mühe unterdrücken, aber den dritten? Der schoss volles Rohr raus. Noch wedelte der Bademeister mit dem Handtuch, aber dann zeigten die "Winde" bald ihre Wirkung. Calvados und Bohnen passen nicht ganz zusammen und so kam der Bademeister ins Taumeln, stürzte und riss dabei die Tür aus der Angel. Jeder versuchte jetzt so schnell wie möglich ins Freie zu fliehen. Dabei fielen einige über ihre eigenen Füße. Zwei ältere Damen erlebten hier ihr Fiasko. Bei ihrer überstürzten Flucht kamen sie ins Stolpern und stürzten kopfüber in das kleine Aufwärmbecken. Den Aufschlag konnte ich noch in der Saunakabine hören. Leider war das Verhältnis zwischen der Masse, die ins Becken wollte, und der Masse, die im Becken war, nicht gleich, so dass es hier zu einem sehr großen Ungleichgewicht kam. Sechs Mann waren nötig, um die Damen aus ihrer misslichen Lage zu befreien, sie zu versorgen und ins Krankenhaus zu bringen.

Für mich wurde es dann Zeit, mal wieder auf die Sonnenbank zu gehen. Etwas Bräune wirkt doch Wunder. Ich holte mir vier Münzen, suchte mir eine Sonnenbank aus, warf die Münzen hinein, legte mich in den "Toaster", zog den Deckel hinunter und startete das Programm. Endlich mal Ruhe! Kurze Zeit später stellte sich ein Defekt ein. In meiner Panik bekam ich den Deckel nicht auf. Nach vier Stunden brannte die Sonnenbank immer noch. Meine "Winde" wurden immer stärker! Als ich endlich jemanden um Hilfe rufen konnte, hatte dieser Schwierigkeiten, in den Raum zu gelangen. Aber mit Atemschutz gelang es ihm. Auch er schaffte es nicht, den Deckel zu öffnen. Nachdem die Feuerwehr mit Atemschutzgeräten und starken Sauerstoffflaschen zu mir vorrücken konnte, nahmen sie aufgrund des starken Geruches zuerst an, dass ich schon verkohlt sein müsste. Aber ich hatte Glück, dass ich das Programm nur auf die kleinste Stufe eingestellt hatte. So war ich halt tief gebräunt, als wäre ich fünf Monate in Afrika gewesen. Ich sofort ab in das kalte Tauchbecken. Nach kurzer Zeit war das Wasser lauwarm.

Doch bald schon war ich wieder voller Tatendrang und stellte fest, dass es wieder Zeit war, an einem Saunagang zu denken. Also ab in die Dampfsauna! Leider war diese sehr voll. Aber ich fand noch ein kleines Plätzchen auf der gegenüberliegenden Seite des Einganges. Als ich mich gerade auf den Weg dahin machen wollte, stolperte ich über die "Haxen" eines älteren Herrn. Ich rutschte aus, suchte verzweifelt nach einem Halt, fand aber keinen! Sondern fiel genau mit meinem Hinterteil auf eine kleine Säule, welche mitten im Raum stand und aus der der heiße Dampf kam. Im ersten Moment merkte ich noch nichts. Aber dann! Wie von einer Tarantel gestochen, sprang ich auf, riss die Türe auf, lief, den Hintern heiß brennend, immer weiter und sprang vor Schmerzen laut schreiend in das nächste Tauchbecken hinein.

Mehr weiß ich nicht. Wach geworden bin ich erst im Krankenhaus, auf dem Bauch liegend und mit einem gepuderten Hintern. Die Schwestern haben ihn liebevoll mit kleinen, roten Herzchen verziert. Seit heute bin ich wieder zuhause. Aber alles fällt mir doch etwas schwer. Kann kaum stehen, geschweige denn sitzen. Ich hoffe, dass es in ein paar Tagen wieder besser geht.

In der Zeitung stand etwas über die vielen Unfälle, die es in einer Sauna gegeben hatte. Hier wurde unter anderem auch geschrieben, dass sich hier jemand einen üblen Scherz erlaubt hätte und mehrere Stinkbomben geworfen haben soll. Leider konnte der Übeltäter nicht ausgemacht werden.

Ich denke, dass ich am Wochenende wieder zu dir kommen kann, worauf ich mich schon sehr freue. Soll ich dir noch etwas Besonderes mitbringen, was dir fehlt?

Bitte lass es mich wissen, damit ich es dir besorgen kann.

Heute hat mich Peter angerufen. Er hatte gestern Geburtstag und wollte mich zu einem Drink in die Skihalle einladen. Im nächsten Brief schreibe ich dir, wie es dort war.

Für heute sage ich dir erst mal tschüss und freue mich, wenn ich dich wieder in meine Arme nehmen kann.

Also bis zum Wochenende!

Dein Schatz

In der Skihalle

Meine liebe Maus,

ich hoffe, es geht dir gut und deine Anwendungen bringen den gewünschten Erfolg. Ich bin unsagbar traurig, dass ich am Wochenende nicht zu dir kommen konnte. Es ging beim besten Willen nicht! Du musst dir jetzt keine Sorgen machen, auch wenn du mich nicht telefonisch erreichen konntest. Mir geht gut!

Ich hatte dir ja in meinem letzten Brief geschrieben, dass mich Peter zu einem Drink in der Skihalle eingeladen hatte. War auch toll! Aber dies ist auch mit ein Grund, warum du mich nicht erreichen kannst.

Aber lass dir das im Einzelnen erzählen:

Peter hatte bei mir geschlafen, damit wir zeitig losfahren konnten. Also früh aus den Federn heraus, kurz gefrühstückt und dann voller Tatendrang zur Skihalle nach Neuss.

Dort angekommen, meinte Peter, wir sollten uns ein paar Sachen mieten, wie Schuhe, Overall, Skier und Snowboard. Ich hatte am Abend zuvor Peter erzählt, dass ich als Jugendlicher mit der Klasse zum Wintersport gewesen bin und wir das Skifahren gelernt hätten. Jetzt musste ich halt mit auf die Piste. War gar nicht so einfach. Zuerst mussten wir uns am Lift anstellen. Nach zwanzig Minuten waren wir endlich dran. Als ich mich gerade einhaken wollte mit einem kleiderbügelähnlichen Griff, welchen man zwischen die Beine bringen muss und hinter den Po klemmen sollte, passierte es!

Ich bekam den Griff nicht dorthin, wo er hinsollte, sondern verlor das Gleichgewicht, suchte noch vergeblich nach einem Halt, fand keinen und riss die nachstehende Gruppe mit nach unten in den Ausgang. Nachdem wir uns alle mühsam wieder aufgerappelt und wieder angestellt hatten, dauerte es nochmal über zwanzig Minuten bis ich wieder dran war. Aber jetzt klappte es schon etwas besser. Ich hielt mich am Griff fest und wurde so schleifend - in einer sehr untypischen Haltung - nach oben gezogen. Leider hatte ich die Gruppe wieder aus dem Gleichgewicht gebracht und jetzt lag sie einmal mehr unten im Ausgang. Die fluchten wie die Rohrspatzen. Kann ich nicht verstehen!

Oben angekommen, konnte ich mich noch gerade aus dem Lift befreien, bevor der wieder nach unten abdrehte. Da stand ich auf meinen Skiern und konnte mich so einigermaßen noch auf den Beinen halten. Leider gingen zwei ältere Damen, welche sehr sportlich aussahen, plötzlich laut schreiend ab. Keiner wusste, warum. Mir fehlte ein Skistock. Er rutschte den Damen hinterher. Sie kamen toll in Fahrt. Jedoch endete die Fahrt abrupt in einer Ski - Lerngruppe. Da flogen die Fetzen! Nachdem jeder seine Gliedmaßen wieder sortiert hatte, die Verletzten, über zehn hatte es zum Teil schwer erwischt, abtransportiert waren, konnte es auf der Piste weitergehen.

Noch stand ich oben. Dann kam Peter, gab mir einen Schlag in das Kreuz und ich raste los! Kannst du dir vorstellen, wenn 100 kg in Bewegung geraten und dies in Geschwindigkeit umgesetzt wird? Dann wirst du zu einem Geschoss! So raste ich in einer sehr untypischen Skihaltung, laut Vorsicht rufend, anderen Skifahrern in wilden Manövern ausweichend, den Hindernissen auf der Piste entgegen. Aus dem Blickwinkel konnte ich nur noch sehen, wie sich die lange Schlange am Lift blitzartig auflöste und auf den Ausgang zuraste. Ein Pärchen versuchte sein Glück in der Flucht von der Piste. Aber das klappte leider nicht, sie wurden voll erwischt und es ging abwärts.

Ich war immer noch auf dem Weg nach unten. Panik machte sich im Auslauf breit. Immer schneller raste ich auf sie zu. Voller Entsetzen wollte jeder nur noch eins - fliehen! Aber das Unglück nahm seinen Lauf. Immer schneller rasten die 100 kg auf die entsetzten Massen im Auslauf zu. Dann gab es den großen Einschlag!

Zuerst eine absolute Stille, dann das erste Wimmern, das erste Schreien.

Die Sanitäter hatten viel zu tun. Knochenbrüche ohne Ende. Die Bahn war erstmal für eine lange Zeit gesperrt. Überall standen Krankenwagen, ich glaube, es waren über zwanzig Stück.

Ich hatte viel Glück gehabt und mich bei meinem Aufprall auf die Massen nicht verletzt - bis auf eine kleine Platzwunde am Auge. Ich habe sie mir von einem Sanitäter verbinden lassen. In dem Chaos kam Peter hinzu und meinte, wir sollten erstmal etwas essen gehen. Haben wir auch gemacht. Also ab in den Bayrischen Hof, hier war es noch relativ leer. Bei einer ordentlichen Haxe mit Sauerkraut, Kartoffeln und mehreren Maß Bier waren wir nach einiger Zeit wieder fit für die Piste.

In der Zwischenzeit war sie geräumt worden, die Suche nach dem Schuldigen gestaltete sich etwas schwierig, da man ihn unter den Opfern vermutete.

Da wir nicht verdächtig waren, konnten wir auch wieder auf die Piste. Diesmal nahm Peter die Skier und ich das Snowboard. Also ließen wir die Sau raus. Nach fünf Maß Bier lief die Sache doch viel besser als vorher. Laut schreiend rasten wir die Piste hinunter, keiner konnte uns aufhalten, weder die Oma noch der Skifreak hatten eine Chance, nicht von uns von der Piste katapultiert zu werden. Somit hatten wir immer eine freie Bahn.

Bis die Sache mit Marlene passierte!

Dies kam so! Marlene, ein „Panzer" von ca. 180 kg, konnte uns nicht mehr so schnell ausweichen und wir beide rasten voll in sie hinein. Peter zerbröselte es auf der Piste. Ich wurde durch den Aufprall nach rechts in eine abgesperrte Zone gedrückt, wo eine kleine Skisprungschanze stand. Jetzt bedeutet ja Gewicht mal Geschwindigkeit plus Absprunghöhe eine gewisse Weite. Was soll ich dir sagen! Ich habe eine neue Bestmarke erzielt, jedoch konnte diese nicht anerkannt werden, da ich mit meinem Snowboard eine solche Sprunghöhe erreicht hatte, dass ich glatt oben in der Decke in einer Lüftungsröhre hängen blieb. Über zwei Stunden brauchte die Feuerwehr, um mich zu bergen. Aufgrund der Verletzungen wurde ich sofort in ein Krankenhaus gebracht.

Marlene raste als Schneeball - oder sollte ich lieber Lawine sagen - runter in die Gruppe im Auslauf. Diesmal war der Aufprall noch heftiger als vor einigen Stunden.

Es gab sehr viele Verletzte. Marlene musste von gut einem Dutzend Helfern aus der Fensterfront geborgen werden. Überall gab es Knochenbrüche. Zum Glück bekam ich nichts mehr davon mit.

Es gab ein riesiges Hallo bei meinen Schwestern im Krankenhaus. Zuerst musste ich alles haarklein erzählen, ehe ich verarztet wurde. Später sah ich auch Peter! Es war schon traurig, wie er da in seinem Streckbett lag. Kaum etwas war von ihm zu erkennen, vor lauter Binden und Gips. Man sagte mir später, dass es noch Monate dauern würde, bis er wieder auf die Beine kommen würde. Da konnte ich nur noch von Glück sagen, dass ich außer ein paar Prellungen nichts hatte. Ich glaube, mein Schutzengel musste wieder Schwerstarbeit verrichten. Ich werde ihm bei meinem nächsten Besuch in der Kirche eine Kerze oder auch zwei spenden. Die hat er sich wahrlich verdient!

So brauchst du dir keine Sorgen um mich machen. Ich bin hier gut versorgt bei den netten, süßen und reizenden Schwestern.

Eben las ich noch in der Zeitung von einem der schwärzesten Tage in der Skihalle zu Neuss. Ja, es ist schon traurig, wenn man so viele Anfänger auf die Piste lässt. Hier gehören "Könner" hin, wie wir es sind!

Mein Schatz, ich hoffe, dass ich in drei bis vier Tagen wieder draußen bin. Dann werde ich dich sofort besuchen. Versprochen!

Bis dahin werde ich versuchen, kein Risiko einzugehen, hübsch zu Hause zu bleiben und alles zu unterlassen, was gefährlich sein kann.

So verbleibe ich heute mit meinem lieben Gruß

Dein Schatz Fritz

Die E-Bass-Gitarre

Hallo lieber Schatz,

es war schön, dass ich am Wochenende wieder bei dir sein konnte. Ich habe mich so sehr darüber gefreut, dass es dir wieder besser ging. Dass du wieder so zauberhaft lachen konntest. Dies tat auch mir sehr gut, mal wieder mit dir gemeinsam zu lachen.

Umso erstaunter war ich, als ich gestern morgen den Anruf aus der Klinik erhielt, dass du einen Unfall mit dem Rollstuhl im Treppenhaus hattest. Als ich dann gestern noch zu dir in die Klinik fuhr, war ich sehr besorgt. Als ich dich dann da so liegen sah, kamen mir schon langsam die Tränen in die Augen, zuerst der schwere Unfall und dann jetzt dies. Dabei hatte ich mich schon so sehr darauf gefreut, dass du bald mal wieder nach Hause kommst. Aber jetzt heißt es wieder: Erstmal wieder liegen im Gipsbett, dann wieder eine lange Reha - Maßnahme. Wie soll das nur werden?

War ja auch ziemlich blöd, was dir da im Treppenhaus passiert ist. Augenzeugen haben mir erzählt, dass dies eine sehr rasante Schussfahrt war und zum Abschluss der 3-fache Salto! Das war schon zirkusreif, meinten alle, die hier Augenzeugen waren.

Nachdem ich mich von dem ersten Schrecken erholt hatte und dich dann so in deinem Gipsbett liegen sah, wusste ich nicht, ob ich weinen oder lachen sollte. Aber ich konnte nicht lachen.

Meine Tage sind hier zuhause immer gleich: Arbeit, Haus, Wäsche, einkaufen, Garten, Friedhöfe, Auto und natürlich dich besuchen.

Wir hatten mal über ein Hobby gesprochen, was ich mir zulegen sollte. Dazu hast du mir ja geraten. Das habe ich auch getan. Ich habe mir, nachdem ich vor Tagen im Fernsehen Paul Mc Cartney gesehen hatte, eine E-Gitarre günstig über Ebay ersteigert. Sowie ein Musikprogramm für den PC.

Wobei E-Gitarre nicht ganz richtig ist, es handelt sich hier mehr um eine E-Bass-Gitarre! Dabei waren auch vier 1500 Watt - Boxen. Ein irrer Sound, den diese Boxen ableisten. Unsere Tochter Vanessa würde jetzt sagen: „Da geht was ab!"

Nachdem ich mir so die ersten „Griffe und Riffs" beigebracht hatte, habe ich die Gitarre mal an die Boxen angeschlossen. Ich muss schon sagen, ein toller Klang! Da kommt eine Stimmung auf, als wenn Metallica spielen würde.

Gestern wollte ich mal ein paar Fotos im Keller mit dem Selbstauslöser machen. Dazu hatte ich mir deine Perücke ausgeborgt und mir übergezogen. Sah fetzig aus! Dann die Gitarre in der Hand, Kettenhemd, Lederhose und Stiefel, richtig scharf. Natürlich habe ich die Gitarre auch an die neuen Boxen angeschlossen. Sollte alles echt aussehen. Für den Hintergrund hatte ich mir noch extra ein großes Wandposter von der Burg Eltz in der Eifel besorgt und aufgehängt.

Ich hatte gerade alles eingestellt, stand in der richtigen Positur und wartete auf den Auslöser. Da schellte es! Ärgerlich, wo doch alles gerade so super passte. Ich wollte eigentlich nicht aufmachen, zumal ich keinen erwartete. Aber es wurde ein zweites Mal geläutet. Wütend lief ich die Treppe hoch, aber ich hatte nicht bedacht, dass ich noch die Gitarre um mich hängen hatte und der Stecker in der Steckdose saß. Ich kam aber nur bis zur obersten Treppenstufe, dann gab es einen starken Ruck. Ich geriet ins Straucheln, verlor mein Gleichgewicht und rutschte auf meinem Hinterteil die glatten Kellerstufen hinunter. Leider haben wir ja eine Kurve im unteren Bereich der Treppe und da ich mich nicht mehr abbremsen konnte, schlug ich mit dem Kopf gegen die Wand.

Was danach passierte, kann ich dir nicht so richtig erklären. Unsere Nachbarn, welche ich aus meinem stark angeschwollenen Augenwinkel sehen konnte, sahen irgendwie total verstört aus. So richtig „apathisch"! Den beiden standen die Haare regelrecht zu Berge. Aber was war eigentlich passiert? Fragen über Fragen.

Nachdem ich wieder so einigermaßen zu mir gekommen war, bekam ich aus den Gesprächsfetzen mit, dass ich mit der Gitarre bei meinem Sturz einen Ton ausgelöst habe, der den Trompeten von Jericho sehr nahe gekommen sein musste - damals brachte dieser Ton die Mauern der Stadt zum Einsturz. Ich hatte mich auch schon über die Anwesenheit des THW gewundert und über das Aussehen unserer Nachbarn. Die waren ja völlig von der Rolle! Aus einem Gesprächsfetzen eines THW - Helfers bekam ich noch so gerade mit, dass man wohl die Außenwände noch abstützten kann, aber eine Bewohnbarkeit der Häuser unter diesen Umständen nicht möglich wäre, da die Einsturzgefahr zu hoch sei.

Ganz langsam bekam ich mit, dass die Wände etwas anders aussahen, als sie mir in Erinnerung waren. Hatte ich einen Ton getroffen, der eine infernalische Wirkung hatte?

Wir kamen erst einmal ins Krankenhaus zur weiteren Beobachtung. Als man mich hinaustrug, fiel mir auf, dass viele Häuser abgedeckt, zahlreiche Scheiben zerborsten und die Anwohner total verstört waren. Welches Grauen muss sich hier abgespielt haben? Ein Unwetter? Eine Windhose? Hier traf ich auch meine Nachbarn wieder. Sie erzählten mir kurz, dass sie plötzlich ein tiefes Grollen hörten, das Geschirr fiel aus den Schränken. Die Scheiben der Fenster barsten, die Wände begannen zu zittern wie bei einem Erdbeben. Die Dachziegel wanderten vom Dach und fielen auf den Boden. Man hörte noch ein starkes Zischen - dann wurde es still!

Wir haben uns noch einige Zeit darüber unterhalten, was dieses Unglück ausgelöst haben könnte. Aber schon wurde ich ins Krankenhaus gebracht. Auf dem Wege dahin wusste ich, dass meine E-Bass-Gitarre nicht ganz unschuldig daran war.

Experten hatten in der Zwischenzeit die Unglücksstelle in Augenschein genommen und kamen zu dem Schluss, dass wahrscheinlich eine punktuelle Windhose der Auslöser gewesen sein konnte. Es gäbe zwar einige Merkwürdigkeiten, aber diese könne man nicht erklären. Also ein Versicherungsschaden!

Je mehr ich darüber nachdenke, umso mehr komme ich zu dem Schluss, dass ich wahrscheinlich ein wissenschaftliches Problem entdeckt habe und auch gleichzeitig die Lösung dafür. Aber leider kann ich dies nicht in die Welt hinausschreien, da sonst die Versicherungen nicht zahlen würden, sondern wir! Jetzt, wo man mal zu Ruhm und Ehre kommen könnte, darf man nichts sagen. Aber leider habe ich ja von dem Ton nichts mitbekommen, da ich mir sicherheitshalber Oropax XXL in den Gehörgang gesteckt hatte. So bleibt dieses Rätsel ungelöst und ich bin nur traurig: So nah am Ruhm und doch so weit entfernt!

Mein lieber Schatz, ich weiß, es fällt dir schwer, darüber zu lachen, da dir ja jedes Lachen Schmerzen bereitet. Aber dein Missgeschick ist schon sehr hart. Ich war gestern bei deiner Mutter, die ja noch ganz fassungslos ist. Sie möchte dich gerne besuchen kommen. Wir haben ausgemacht, dass ich sie am nächsten Wochenende mitnehmen werde, damit sie auch mal bei dir war. Auf der einen Seite ist sie sehr besorgt um dich, auf der anderen Seite kann sie sich auch ein Lachen nicht verkneifen. Wenn sie kommt, will sie auch unbedingt einen Kuchen backen und mitbringen, damit du wieder etwas "Heimat" spürst.

So meine Liebe, für heute schließe ich erstmal, sende dir viele liebe Küsse zu und sage:

Bis auf bald!

Dein kleines Bärchen

Das Gesindel

Mein Schatzi,

wie geht es Dir? Was machen deine Brüche? Hast du dein Lachen wiedergefunden? Am Wochenende komme ich mit deiner Mutter zu dir. Sie freut sich schon sehr, dich endlich mal wieder zu sehen. Ich habe von den Ärzten gehört, dass du noch eine lange Zeit die verschiedene Gipse tragen muss. Sehe aber auch das Positive darin, es kann dir jetzt nicht mehr viel passieren. Auch ein Vorteil!

Bei mir heißt es so schön: „Man schlägt sich durch!"

Dieser Tage las ich in der Zeitung, dass sich hier allerlei Gesindel herumtreibt und die Gegend unsicher macht. Also habe ich ein paar Vorkehrungen getroffen. Wir hatten ja besprochen, dass wir den Seiteneingang einmal neu gestalten sollten. Aber bisher bin ich noch nicht dazu gekommen.

Nun, vor ein paar Tagen war ich im Baumarkt. Hier habe ich mir ein paar 500-Watt-Leuchten sowie einige Bewegungsmelder gekauft. Über das Internet habe ich dann noch günstig drei Beobachtungskameras und ein Aufzeichnungsgerät ersteigern können. Über ein weiteres Forum habe ich noch ein paar Tellerminen aus alten NVA - Beständen der ehemaligen DDR bekommen. Als ich alles beisammen hatte, konnte ich an die Montage herangehen. Die Strahler, die Bewegungsmelder und die Kameras habe ich so angeordnet, dass ich unser gesamtes Anwesen ausleuchten und überwachen kann. Im Seitengang und in der Rasenfläche habe ich Tellerminen verlegt. Hier kommt keiner mehr durch!

Zwei Tage war alles ruhig. Gestern erzählten mir die Nachbarn, dass es in der Nacht auf einmal sehr hell wurde. Keiner konnte sich das erklären. Vielleicht ein Wetterleuchten? Ich hatte von dem alles nichts bemerkt. Neugierig geworden, habe ich mir die Bilder aus der Überwachungskamera angeschaut. Was sehe ich da? Ein einsamer Igel streifte durch den Garten nach etwas Essbarem. Dann flatterte eine Fledermaus durch das Bild und grinste im Vorbeiflug! Das war es auch schon. Aber es zeigte sich, dass die Überwachung perfekt funktionierte!

Diese Nacht war hier die Hölle los! So gegen halb drei wurde ich durch fünf schwere Explosionen aus dem Schlaf gerissen. Was war passiert? Ich schaute mich zuerst im Schlafzimmer um, hier konnte ich nichts feststellen. Ich zog mir den Morgenmantel an und ging nach unten. Draußen auf der Straße hörte ich ein aufgeregtes Stimmengewirr. Ich gesellte mich dazu. Man sprach von einem Anschlag! Aber wo hat dieser stattgefunden? Keiner wusste es genau, alle redeten wie wild durcheinander!

Dann kamen die Polizei, die Feuerwehr, das Rote Kreuz mit sehr vielen Wagen und noch mehr Leuten. Aber alle waren ratlos. War das nur ein müder, verspäteter Silvesterscherz? Soviel man auch suchte, man konnte nichts finden. Also zogen alle wieder ab und langsam kehrte in unserer Siedlung Ruhe ein.

Aber es war eine trügerische Ruhe. Als ich mich gerade hingelegt hatte und so grade wieder im Halbschlaf war, rissen mich zwei heftige Detonationen aus dem Schlaf. Ich also wieder raus aus dem Bett, den Morgenmantel übergeworfen und auf die Straße, wo sich abermals zahlreiche Menschen versammelt hatten. Wieder kamen die Polizei, die Feuerwehr und das Rote Kreuz mit einer großen Helferschar an. Die Suche ging von vorne los, aber es wurde nichts gefunden. Ratlos fuhr man wieder weg. Alle waren irgendwie mit den Nerven fertig. Kein Wunder, wenn man zweimal so aus dem Schlaf gerissen wird.

Alle zogen sich wieder in die Häuser zurück. Ich glaube, schlafen konnte keiner mehr, denn die Lichter brannten bis in den frühen Morgen. Aber auch ich konnte jetzt noch keinen Schlaf finden und überlegte, was dies gewesen sein konnte. Ich ging zu den Aufnahmekameras und spulte die Kassetten zurück. Dann ließ ich den Film laufen. Was musste ich da sehen? Kamera eins zeigte uns auf der Straße diskutieren. Kamera zwei zeigte den hinteren Garten. Hier sah man nichts. Alles war ruhig. Kein Geräusch, keine fremde Person! Nichts!

Was hat uns wohl die Kamera drei aufgezeichnet? Ich war schon ganz gespannt.

Auf dem noch dunklen Bildschirm konnte man etwas über der Garage ausmachen, aber hier reagierte der Bewegungsmelder noch nicht. Dann aber! Plötzlich wurde es hell, ein kurzer Schrei und man sah etwas, das mehrfach hochsprang und dabei die verlegten Tellerminen auslöste. Dann kehrte eine Stille ein und es wurde dunkel auf dem Bildschirm.

Ich machte mich mit einem Knüppel bewaffnet auf den Weg in den Garten. Als ich auf den Seitenweg einbiegen wollte, stieß ich gegen einen großen Haufen Erde, der da eigentlich nicht liegen konnte. Ich machte mir die Taschenlampe an. Da sah ich die Bescherung. Zwei Katzen waren unter den

Dachfirst gedrückt worden, als sie die Tellerminen auslösten. Jetzt weiß ich auch, was das so komisch hochgesprungen ist.

Ich schaute mich weiter um. Alle sieben verlegten Tellerminen waren gezündet worden. Bei zweien wusste ich den Grund, aber bei den anderen fünf?

Ich schaute mich näher um. Ich konnte nur noch die spärlichen Überreste von zwei weiteren Katzen entdecken. Vier Katzen in einer Nacht, das war schon schrecklich.

Nun ja, etwas Positives konnte man dem noch abgewinnen: Die Rasenflächen sind jetzt gut gelüftet und umgegraben worden, so dass ich jetzt direkt mit dem Einsäen des neuen Rasens beginnen konnte. Da verzichte ich doch gerne auf etwas Schlaf.

Mein lieber Schatz, so sage ich dir mal für heute tschüss und freue mich schon auf Sonntag, wenn ich dich mit deiner Mutter besuchen komme. Bis dahin liebste Grüße und einen dicken Kuss!

Dein

Schatz Fritz

Die Theaterprobe

Hallo mein lieber Schatz,

ich hoffe, dass der Besuch am Wochenende nicht so anstrengend für dich war. Deine Mutter hat sich richtig gefreut, dich einmal wiederzusehen und darüber, dass du so langsam wieder auf dem Weg der Besserung bist. Die Sachen, die ich mitgenommen habe, werde ich dir am Wochenende wieder mitbringen. Auch das, was du mir aufgetragen hast, werde ich erledigen.

Ich bin wieder gut nach Hause gekommen. Bei der Mutter musste ich jedoch noch zu Abend essen. Sie hatte extra für mich noch eine Portion mehr gekocht. Es gab Sauerbraten mit Klößen und Rotkraut. Und dann der Nachtisch! Hier konnte ich nicht nein sagen. Wann koche ich mir mal was? So kam ich halt etwas später nach Hause. Deine Mutter hat es gefreut, mich mal wieder zu umsorgen.

Wie du weißt, haben wir im September unser Pfarrfest. Infolge einer späten Planung haben wir noch nicht viele Programmpunkte zusammen. In einer gemütlichen Runde, bei Bier und Chips, kamen wir auf den Gedanken, als Höhepunkt eine Theateraufführung zu machen. Zum Beispiel: Maria Stuart, die Kopflose! Alle waren sofort Feuer und Flamme. Schnell wurden die Aufgaben verteilt und ich bekam die Aufgabe, das Skript zu schreiben. Die ersten Proben fanden auch schon statt. Aber leider waren die Räumlichkeiten nur sehr bescheiden. Wir hatten kaum Platz, keine Bühne. Keine Akustik, keine Musik, nichts! Da kam ich auf die Idee, die

Proben doch bei uns im Haus stattfinden zu lassen. Gesagt, getan!

Am letzten Mittwoch war es soweit. Das Wohnzimmer wurde leergeräumt, die Stereoanlage war top, die passende Musik drin (schottische Dudelsackmusik), alles leicht abgedunkelt, die Wände bekamen einen rustikalen Anstrich, so dass man den Burgcharakter sehr gut nachstellen konnte. Der brennende Kamin gab der Kulisse den letzten Kick. Eine Kamera nahm alles auf. Was hier in Aktion passierte, kann man wahrscheinlich kaum wieder nachspielen. Statt eines ernsten Stückes wird dies eher eine total überdrehte Komödie. Also werden wir sie als Film zeigen.

Intensiv und voller Begeisterung machten wir uns an die weiteren Szenen. Als wir die mit der Enthauptung der Maria Stuart probten bzw. versuchten diese nachzuspielen, klingelte es an der Tür. Gerade wo wir diese Szene fast im Kasten hatten, musste uns jemand stören. Da ich die Rolle des Henkers spielte, ging ich mit dem losen Kopf und dem großen, blutigen Schwert zur Türe, um nachzusehen, wer uns gerade jetzt störte. In dieser Aufmachung machte ich die Tür auf. Wer stand da? Eine Abordnung der Zeugen Jehovas! Bevor ich noch etwas sagen konnte, hörte ich nur einen gellenden Schrei und sah noch, wie diese Abordnung in einer neuen Weltrekordzeit die 100 m wegliefen. Verblüfft machte ich die Türe zu. Wir spielten unsere Szene weiter, da wir uns ja für heute noch einige weitere Szenen vorgenommen hatten.

Schnell hatten wir die im Kasten. Aber was sich dann draußen abspielte, das kannst du dir nicht vorstellen.

Die Abordnung hatte Himmel und Hölle in Bewegung gesetzt und irgendetwas von einem brutalen Mord gefaselt. Die ganze Siedlung war in Panik. Ganze Polizeieinheiten riegelten sie ab,

Spezialeinheiten machten sich für die Stürmung des Objektes bereit. Wir waren so von unseren Proben begeistert, dass wir noch nicht einmal die vielen Polizisten, mit dem Maschinengewehr im Anschlag, bei uns im Garten sahen.

Auf einmal klirrten die Scheiben, Türholz splitterte, Tränengas wurde verschossen und mit viel Geschrei stürmten die Spezialtruppen das Haus. Völlig perplex standen wir da und wussten nicht, wie uns geschah. Die Spezialeinheiten nahmen an, dass wir Opfer wären und stürmten weiter durch das Haus. Jeder Schrank wurde aufgerissen, die Matratzen flogen von den Betten, in die Kissen, in die Matratzen bohrten sich die Bajonette hinein. Keine Türe blieb an ihrem Platz. Aber sie konnten nichts finden!

Zum Glück hatten wir den Kopf von Maria Stuart und das Schwert schon in unsere Kiste gelegt gehabt und diese als Tisch für eine weitere Szene im Gefängnis verwendet.

Dann kam der Kommissar und wollte uns verhören! Nun, wir versuchten ihm klarzumachen, dass wir hier gerade einige Theaterszenen probten. Von einem Mord wüssten wir nichts. Der Kommissar schaute auf das Chaos, dann auf uns, schüttelte den Kopf und ging hinaus. Draußen fragte er die Abordnung der Zeugen Jehovas noch einmal eindringlich. Die beiden Frauen, welche immer noch total verstört waren und zitternd auf einer Liege lagen, murmelten immerzu von einem Mord, einem abgeschlagenen Kopf und einem großen, blutigen Schwert. Als ich das hörte, sagte ich zu dem Kommissar: „Vielleicht liegt hier eine religiöse Wahnvorstellung vor, die man unbedingt ärztlich behandeln sollte.“ Der Kommissar veranlasste darauf, dass die Frauen in eine Anstalt gebracht werden. So endete eine Missionierung tragisch.

Auf die Frage, wer denn für die Kosten der Zerstörungen aufkäme, sagte er mir, ich solle bei ihm eine Aufstellung der Schäden einreichen. Sie würden dann beglichen.

Leider haben wir dann auch unsere Proben abbrechen müssen und begannen die Schäden peinlichst genau aufzulisten. Nach dem ersten Überschlag kamen wir bereits auf eine Schadenssumme von über 50.000 Euro. Nun können wir uns endlich mal ein neues Schlafzimmer kaufen.

Jetzt habe ich seit Tagen die Handwerker im Haus. Es mussten ja neue Scheiben, Fenster und Türen eingebaut, Schränke, soweit es ging, wieder hergerichtet werden, Malerarbeiten und vieles mehr!

Eines hat aber toll hingehauen. Wir haben unsere ultimative Schlussszene! Maria Stuart schied von dannen, inmitten eines Schneesturmes. Das waren die Federn aus den Inletts der Betten. Alles schön aufgezeichnet von der laufenden Kamera.

Ich glaube, das wird die beste und lustigste Verfilmung von Maria Stuart sein! Oskarreif? Vielleicht…

Deshalb sei nicht traurig und auch nicht böse, dass das Chaos wieder bei uns eingezogen ist. Aber da du ja zurzeit nicht zu Hause bist, wird es dich nicht stören, mein Schatz.

So, mein Engel, jetzt muss ich für heute langsam schließen, da noch einige Arbeit auf mich wartet.

Aber ich glaube, dass ich nach dieser Aufregung, mir etwas für meine Seele und Leib verdient habe. Ich werde heute Abend mal nicht selber kochen, sondern gehe lecker hier im Ort essen. Allein! Vielleicht ins Brauhaus. Du brauchst Dir daher keine Sorgen um mich machen. Eben hatte ich wieder eine neue Idee bekommen! Darüber erzähle ich dir etwas im nächsten Brief.

Mein Schatz, ich wünsche dir noch eine gute Genesung und sage mal tschüss bis zum übernächsten Wochenende, wenn ich dich wieder besuche. Hoffentlich spielt das Wetter mit, damit wir etwas an die Luft gehen können.

Bis dahin verbleibt mit den besten Wünschen und einem süßen Kuss

Dein

Schatz Fritz

Das Schwimmbecken

Hallo meine liebe Maus,

ich hoffe, du hast die letzten Tage gut hinter dich gebracht und ich freue mich schon wieder darauf, dass ich am Wochenende wieder bei dir bin. Noch ein paar Wochen, dann bist du die verschiedenen Gipse wieder los. Aber solange musst du halt aushalten, auch wenn du es langsam leid bist.

Hier bei mir geht alles seinen normalen Gang. Ich habe dir ja in meinem letzten Brief von einer Idee erzählt bzw. angekündigt. Nachdem ich die Gelder von der Behörde bekommen habe, die ja bei uns mit ihrem Einsatz einiges zerstört hatte, und ich alles wieder neu hergerichtet habe, blieben noch ein paar Euros übrig, um sie umzusetzen.

Eines gefällt mir nicht, das sind unsere Nachbarn. Gerade die Birgit bricht jedes Mal in Tränen aus, wenn sie mich sieht. Ich weiß gar nicht, warum. Ich habe ihr doch nichts getan. Aber jedes Mal fällt sie in einen Weinkrampf und der wird immer stärker. Nun ja, dass Leben ist nicht so einfach und birgt doch einige Gefahren. Aber sich so gehen zu lassen? Ich weiß es nicht?

In den letzten Tagen bin ich dazu übergegangen meine Idee umzusetzen. Wir haben ja mal vor langer Zeit darüber nachgedacht, dass ein Schwimmbecken nicht schlecht für uns wäre. Besonders jetzt, wo die Knochen mit Bedacht bewegt werden müssen. Nun habe ich die Idee, da ich auch das Geld dafür habe, Wirklichkeit werden lassen.

Die ersten Tage war ich mit den Ausschachtungsarbeiten beschäftigt. Unser Schwimmbecken wird sich über die gesamte Breite des Gartens verteilen und von unserem Wohnzimmer, hier mit einem direkten Zugang, bis zum Rand des Grundstückes reichen. Den Wintergarten gibt es ja nicht mehr. Jetzt haben wir auch wieder mehr Licht im Wohnzimmer. Das Schwimmbecken bekommt eine Tiefe von 1,40 m und bekommt eine neue Rundum - Verglasung und ein Betondach, welches ich begrünen lasse. Darauf wird eine Sonnenterrasse eingerichtet. Wird toll aussehen! Wird ein richtiges Schmuckstück. Du wirst staunen!

Die Arbeiten gingen auch irgendwie flott von der Hand. Innerhalb von zwei Tagen war der Aushub fertig, die Wanne aus Beton gegossen und mit einer Spezialbeschichtung abgedichtet worden. Jetzt war es ja in den letzten Tagen doch sehr heiß gewesen und alles fieberte nach einer Abkühlung. Da kam mir die Idee, doch das Becken mal mit Wasser volllaufen zu lassen. Gesagt, getan! Es war eine Riesengaudi! Über 50 Leute waren da! Wir haben gegrillt, dass Bier lief in Strömen. Bis spät in die Nacht herrschte Trubel und Heiterkeit. Bei einem Eintritt von 35 Euro hat sich dies ja schon gelohnt. Oder?

Als ich am anderen Tag, es war so gegen 14 Uhr, weitermachen wollte, sah ich etwas, was mich stutzig machte. Ich musste zweimal hinschauen! Das Becken war leer! Leer - stell dir das mal vor! Zigtausende Liter Wasser! Einfach weg! Aber wohin?

Ein Rätsel? Ein Wunder? Ich schaute mich in dem Becken um. Erst beim näheren Hinsehen sah ich auf der rechten Seite ein größeres Loch. Sollte hier das Wasser verschwunden sein? Ich konnte ich mir das eigentlich nicht vorstellen. So bin ich hergegangen, habe etwas Schnellbeton angerührt und das Loch verschlossen. Zum Test ließ ich langsam wieder neues Wasser einlaufen.

Während das Wasser allmählich das Becken füllte, hörte ich auf einmal einen Schrei, konnte aber damit nichts anfangen, da ich nicht wusste, wo er herkam. Nach einer gewissen Zeit hörte ich Sirenen von Feuerwehr und Krankenwagen. Sie kamen immer näher. Plötzlich Ruhe! Dann weitere Sirenen, welche immer in der Nähe verstummten. Da das Becken wieder voll war, stellte ich das Wasser ab und ging auf die Straße, um mal zu sehen, was da los war. Aber ich kam nicht weit. Sie standen bei unseren Nachbarn vor der Türe. Ein geschäftiges Treiben herrschte dort. Schläuche wurden ausgerollt, Pumpen angestellt.

Dann trugen sie unsere Nachbarin auf einer Trage heraus. Völlig blass sah sie aus und zitterte am ganzen Körper. Die beiden Kinder wurden per Schlauchboot herausgeholt. Total verstört. Ich fragte den Einsatzleiter, was da passiert sei? Er sagte mir: „Der gesamte Keller steht unter Wasser. Nur mit Mühe konnte sich die Bewohnerin am Treppengeländer festklammern, als sie die Kellertüre öffnete und ihr ein riesiger Schwall Wasser entgegen kam. Vermutlich ein Wasserrohrbruch!" Einer stellte die Frage, ob denn noch bei mir Wasser im Pool sei? „Aber selbstverständlich", antwortete ich, „wir können unsere Badeveranstaltung von gestern sehr gerne fortsetzten, das Wasser ist jetzt richtig angenehm. - Also, ab 17 Uhr Poolparty", sagte ich. Zu dem Einsatzleiter meinte ich noch: "Mein Gott, was hat diese Frau für ein Pech.

Letztens flog das halbe Haus in die Luft, jetzt ertrinkt sie fast in ihrem eigenen Haus. Liegt das an der Hausnummer 13?" Schulterzuckend gingen wir auseinander.

Am Abend startete dann unsere Poolparty. Über 80 Leute waren gekommen. Wir hatten viel Spaß. Der letzte Gast ging gegen sieben Uhr morgens. Ich legte mich dann auch geschafft ins Bett und schlief ein paar Stunden. Am Abend bin ich dann aufgestanden und habe mir noch ein Steak auf den Grill gelegt. Dann schaute ich in den Pool hinein. Was war los? Schon wieder kein Wasser mehr drin. Ich konnte mir darauf keinen Reim mehr machen. Ich fand nur noch ein kleines Rinnsal, was jedoch in einem Loch im Becken verschwand. Auf einmal hörte ich ein Knirschen, ein Reißen, ein starkes Zittern, ein Bersten und dann - eine verhängnisvolle Stille. Ich schaute mich um und wusste nicht, was ich machen sollte - weinen oder lachen? Ich entschied mich für das Lachen und machte mir fast in die Hose.

Sicherlich wirst du dich jetzt fragen, warum lacht der? Nun, das Haus der Nachbarn hatte sich um 45 Grad nach vorne gebeugt. Nur vor wem?

Ein Sachverständiger stellte schließlich fest, dass das Haus in Folge eines gewaltigen Wassereinbruches und der gleichzeitigen Unterspülung des Fundamentes in diese Schräglage geraten sei. Wo das Wasser nun hergekommen ist, dies scheint ein großes Rätsel zu sein.

Nun war es gut, dass ich das Loch noch schnell zugemacht und schon ein paar Fliesen aufgebracht hatte. Als er sich das Becken anschaute, sagte er: „Hier scheint ja alles in Ordnung zu sein". „Kann ich dieses schriftlich haben?" fragte ich.

„Aber selbstverständlich“, erwiderte er. Nun habe ich es schwarz auf weiß, dass ich nicht der Übeltäter bin. Aber eins kannst du mir schon glauben, ich hätte gerne gewusst, wo mein Wasser geblieben ist. Zigtausende Liter!

Jetzt lasse ich erstmal etwas Gras über die Sache wachsen, bevor ich weitermache mit dem Schwimmbadbau. Wichtig ist vor allem, wo das Loch ist, wohin das Wasser immer verschwindet. Die Frage muss ich unbedingt klären.

Unsere Nachbarin tut mir schon sehr leid, bei soviel Pech. Habe gehört, dass sie sich zurzeit in einer Klinik für Nervenkranke befindet und jedes Mal, wenn sie Wasser sieht oder auch nur hört, einen Anfall erleidet. Ich glaube, einen Schock kann man nur mit einem Gegenschock heilen und da wäre sie ja bei uns besser aufgehoben. Oder? Ich werde mal einen Brief an die Heimleitung schreiben.

So mein Schatz, jetzt habe ich dir die letzten Neuheiten aus der Nachbarschaft erzählt.

Jetzt gilt es für mich, wieder etwas aufzuräumen und die noch ausstehenden Arbeiten abzuschließen.

Ich sage mal bis zum Wochenende tschüs und freue mich, dich wiederzusehen und verbleibe mit einem ganz lieben Gruß und Kuss.

Dein

Schatz Fritz

Der Herrenabend

Mein lieber Schatz,

sicher wirst du dich gewundert haben, dass ich dich dieses Wochenende nicht besuchen konnte. Aber das hatte einen Grund! Dazu später ausführlicher.

Aber zuerst einmal zu dir. Ich hoffe, dass du eine gute Woche hinter dir hast und deine Brüche so langsam wieder heilen. Deine Fahrt durch das Treppenhaus ist auch heute noch ein Gesprächsthema! War ja auch ein scharfes Ding, wie du mit dem Rollstuhl im Treppenhaus unterwegs warst. Als ich letztens wieder von dir nach Hause wollte, traf ich Schwester Diana und wir sprachen noch über deine „Tour"! Wir kamen, obwohl es eigentlich traurig war, nicht mehr aus dem Lachen heraus. Tagelang hatte ich noch Probleme mit dem Zwerchfell. Richtiger Muskelkater!

Aber ich wollte dir ja erzählen, wie es dazu kam, dass ich dich am Wochenende nicht besuchen konnte. Ja, warum kam es nicht dazu? Das ist schwer zu erklären, aber ich will versuchen, die Ereignisse zu sortieren, sofern es mir gelingt.

Also, zwei Arbeitskollegen hatten sich bei mir gemeldet, Peter und Klaus, dass sie hier in Düsseldorf seien und wollten mich zu einem so genannten „Herrenabend" einladen!

Sie sagten auch, dass sie mich dazu einladen und auch alles bezahlen würden.

Ich sollte auch mal einen lustigen Abend verbringen, nach all den Geschehnissen in der letzten Zeit. Sie holten mich am Freitagabend ab. Wir gingen hier in Büttgen zur S-Bahn. Leider fuhr uns die Bahn vor der Nase weg. Also was tun? Zwanzig Minuten auf die Bahn warten und das bei dem Regen? Nee, dass wollten wir nicht. Also ab ins Brauhaus. Schnell zwei „Halbe" gekippt und ein Witz jagte den anderen. Wir haben das gesamte Lokal unterhalten und kamen aus dem Lachen kaum heraus, weil Peter immer wieder neue Witze erzählte. Einen konnte ich mir noch merken und der ging so: Vater und Sohn auf einer Radtour. Nach einiger Zeit überfährt der Sohn ein Bienchen. Sagt der Vater zu dem Sohn: „Wie konntest du das Bienchen überfahren, es ist fleißig und sammelt für uns den Honig! Dafür darfst du zur Strafe jetzt vier Wochen lang keinen Honig essen." Schweigend fahren sie weiter. Nach einiger Zeit überfährt der Vater ein kleines Vögelein! Der Sohn schaut den Vater an, schaut das tote Vögelein an und sagt: „Papa, sagt du es der Mama, oder soll ich es tun?"

Oder: Ein Mann will in einem Teppichladen eine Brücke kaufen. „Was willst du mit einer Brücke?", fragte seine Frau. „Die möchte ich in unser Schlafzimmer legen", erwiderte der Mann. Darauf seine Frau: „In einen Raum, wo kein Verkehr stattfindet, da brauchst du auch keine Brücke verlegen!"

So ging das eine ganze Weile weiter. Ich glaube, wir haben etliche Bahnen verpasst. Aber wir wollten ja noch nach Düsseldorf fahren. Endlich hatten wir den Aufbruch geschafft, die S-Bahn war da und nahm uns mit. In Neuss ging der Ärger schon los. Wieso, wirst du dich fragen. Nun ja, Peter hatte vergessen zu bezahlen und wir fielen einer Kontrolle auf. Wir mussten aussteigen und mit der Bahnpolizei mitgehen. Hierbei ist das Wort "mitgehen" etwas übertrieben, denn wir waren ja nicht mehr ganz nüchtern. Es muss ein herrliches Bild gewesen sein, wir drei auf einer Gepäckkarre - von vier Bahnpolizisten geschoben. Einfach herrlich!

Es dauerte etwas länger mit dem Bezahlen, da Peter versuchte, die Strafe noch herunterzuhandeln, was ihm auch gelang. Mit einer neuen, nun bezahlten Karte konnten wir weiterfahren nach Düsseldorf.

Dort hatte uns Peter einen Platz in einem Lokal besorgt, wo die Damen ihre Darbietungen an einer Stange und auf einem Tisch machten. Wir hatten einen eigenen Tisch. Hier tanzte eine Dame nur für uns! Peter steckte ihr von Zeit zu Zeit einen Geldschein zu und die junge Dame verlor daraufhin eines ihrer Kleidungstücke. Peter war sehr großzügig, denn nach einer Weile war die junge Dame kaum noch bekleidet und fror! Ich bin dann aufgestanden und zu ihr auf den Tisch, wollte ihr mein Jackett geben.

Stattdessen tobten alle, die da unten an den weiteren Tischen saßen und wollten einen Tanz sehen. Ich weiß nicht, was mit mir dann geschehen ist. Nur, dass die Menge vor Freude johlte und ich jetzt fror. Zwischen meinen Hinterbacken steckten über 20 Geldscheine. Fast 800 Euro! Kannst du dir das vorstellen? Mit einem Tanz? Ich suchte meine Sachen zusammen, meine Freunde wollten jetzt wieder weiter und zogen mich aus dem Lokal heraus. Peter meinte, die 800 Euro, die ich ja so im "Vorbeigehen" verdient hatte, sollten wir auf den Kopf hauen. Gesagt, getan! Ab in das nächste Lokal! Ich muss schon sagen, dass meine Wirkung auf die Frauen doch sehr enorm ist. Kaum hatte ich mich hingesetzt, war ich umgeben von vier wirklich hübschen Frauen. Es kam mir zwar nicht so warm in dem Lokal vor, aber die Damen waren recht luftig angezogen.

Nach den ersten Runden Sekt wurden wir immer ausgelassener, aber unser Kreis kleiner und kleiner. Peter war plötzlich weg und mit ihm eine feurige Rothaarige. Dann verschwand Klaus mit einer rassigen Schwarzhaarigen. Da saß ich nun plötzlich alleine mit einer süßen, leicht lispelnden Blondine. Sie fragte mich: „Sollen wir nicht auch das tun, was gerade deine Freunde machen?" Ich verstand nicht so recht, was sie wollte. Aber irgendwie bin ich dann doch mit ihr mit. Was dann passierte, daran kann ich mich nicht so recht erinnern. Ich glaube, wir haben ein Spiel gemacht. Aber so sehr ich auch überlege, ich weiß es nicht. Vielleicht Mau - mau? Du kannst mich totschlagen!

Ich weiß nur noch, dass wir alle um sechs Uhr morgens, es wurde schon langsam hell, auf allen „Vieren" vor einem Taxistand standen oder besser gesagt lagen und der Taxifahrer uns nicht mitnehmen wollte. Peter versuchte aufzustehen, mobilisierte seine letzten Kräfte und schlug den Taxifahrer mit einem so genannten „Lucky Punch" zu Boden. Er nahm den Schlüssel an sich und setzte sich ans Steuer. Wir versuchten auf allen Vieren ins Auto zu steigen. Aber erst nach zehn vergeblichen Anläufen klappte es. Wir saßen mehr oder weniger drin. Der Taxifahrer träumte immer noch von seinem Kampf mit einem großen Boxer. Als wir endlich im Auto waren, gab Peter Gas und schoss aus der Parklücke heraus - direkt auf die Gegenfahrbahn! Ein Pkw konnte nur noch nach rechts in die Schaufensteranlage eines Warenhauses fahren. Peter fuhr eisern weiter - laut hupend über eine große Kreuzung - hinter ihm brach das Chaos aus. Acht Fahrzeuge fuhren ineinander. Oder waren es mehr? Ich weiß es nicht! Die Leute fahren aber auch manchmal wie eine „gesengte Sau". Peter bretterte weiter durch die Stadt, eine Spur der Verwüstung hinter sich ziehend. Unser Taxi hatte schon einiges verloren, was man so nicht mehr unbedingt brauchte: die Motorhaube, die vordere Stoßstange, den rechten und linken Kotflügel. Die rechte Tür schleifte auf dem Boden und es war nur noch eine Frage der Zeit, wann die weg war. Der rechte Reifen auf der Felge fehlte ebenso und starker Funkenflug begleitete unsere Fahrt.

Zwei Papiercontainer am Straßenrand gingen durch den Funkenflug in Flammen auf. Zahlreiche Fußgänger fielen in Ohnmacht, als sie sahen, was auf sie zukam. Aber Peter bekam den Wagen, das muss man ihm lassen, immer wieder von dem Bürgersteig herunter. Überall, wo wir vorbeifuhren, hörten wir ein Quietschen von Bremsen, ein wildes Hupen, ein heftiges Krachen von Blech auf Blech und "freudige" Menschen, die hinter uns herwinkten.

Aber Peter zog einsam seinen Weg, wie damals Clint Eastwood in dem Film: „Django fragt nicht, Django schießt!" Zuerst schaffte er es, Klaus in sein Hotel zu bringen. Zitternd, bleich, auf allen Vieren kletterte er aus dem Wagen, dankte

Gott und übergab sich. Dann wollte Peter mich noch nach Hause fahren. Ich sagte: „Okay Peter, dann man los." Peter legte mit dem Rest des Wagens einen Start hin, der würdig war für Le Mans. Ich saß plötzlich im Kofferraum. Da fand ich ein ganzes Arsenal von Feuerwerkskörpern und ein großes Feuerzeug. Ich kurbelte das Fenster hinunter, ach nee, das brauchte ich ja nicht mehr, denn es war ja nicht mehr da!

Neben uns fuhr so ein Junkie im offenen Cabrio. Der hatte mich vielleicht blöd angeschaut! Noch mehr, als ich ihm ein kleines Bündel von acht Leuchtraketen in das Auto warf. Der sah vielleicht verstört aus, als er sich neben der Straße an einem Baum wiederfand und die Leuchtraketen um seine Ohren sausten.

Auf der Autobahn richtete Peter ein kleines Chaos an. Jetzt fuhren wir nur noch auf den Felgen. Es sprühte ohne Unterlass nur noch Funken. Mit letzter Kraft kamen wir bis nach Büttgen, dann stand unser Taxi in hellen Flammen. Zum Glück kamen wir noch rechtzeitig aus dem Wagen. Ich konnte einen Teil der Feuerwerkskörper retten, bevor der Wagen mit einem lauten Knall explodierte und zwei weitere Fahrzeuge mit in Brand setzte. Später haben wir erfahren, dass noch mehr Autos in der näheren Umgebung durch die umherfliegenden Feuerwerkskörper in Brand gerieten. Nichts wie weg!

Über ein paar Umwege fanden wir die Orffstraße und Peter meinte, wir sollten doch lieber die restlichen Feuerwerkskörper entsorgen. Haben wir dann auch noch schnell getan. Zwei größere Böller haben wir in einem Papiercontainer entsorgt, der daraufhin auseinanderflog. Peter hatte aber schon die nächsten Böller gezündet und sie in verschiedene Tonnen geworfen. Unter großen Donnerschlägen rissen die Mülltonnen auseinander.

In dem Durcheinander konnten wir nur noch mit Mühe unsere Einfahrt finden und hineinflüchten. Da sahen wir bei unseren Nachbarn zwei herrliche, ca. 1,50 m große, bunt bemalte Weihnachtsmänner aus Holz stehen. Schnell hatten wir mehrere Raketen daran befestigt, dann gezündet und ab gingen die Weihnachtmänner. Diese flogen zwar sehr schön durch die Luft, aber wir hatten nicht mit den besonderen Flugeigenschaften der Holzkameraden gerechnet. Denn einer raste durch das Schlafzimmerfenster eines Hauses und kam auf der Seite heraus und blieb im nächsten Haus, wo er in das Kinderzimmerfenster einschlug, im Raum liegen. Dort verursachte er durch die plötzliche Luftzufuhr einen ordentlichen Brand. Der andere ging als Querschläger durch das Küchenfenster unseres Nachbarn, drehte eine Runde in der Küche, dabei wurde durch den Funkenflug der Raketen leicht entzündliche Materialien, welche sich in der Küche befanden, entzündet. Durch die offene Tür jagte der Weihnachtsmann in das Wohnzimmer hinein und drehte noch zahlreiche Runden mit einem ordentlichen Funkenflug der Raketen. Auch hier gingen zahlreiche Sachen in den Flammen auf, so der Tannenbaum, der schon in der Wohnstube stand. Verzweifelt bemühten sich unsere Nachbarn, das Feuer zu löschen. Aber es gelang ihnen nicht. Darauf meinte die kleine Tochter unseres Nachbarn, die Carola: „Warum ist der Weihnachtsmann so böse und hat dies angerichtet?“ Sie wäre doch immer so lieb gewesen! Sie könnte so etwas nicht fassen! Oder vielleicht doch? Allgemeine Ratlosigkeit machte sich breit.

Nachdem die Feuerwehr, die Polizei, der Rettungsdienst da waren und alles gelöscht hatten, fanden sie uns beide, voll wie eine Haubitze, zitternd hinter einer Mülltonne. Zum Glück hatten wir keine Raketen mehr bei uns, auch das Feuerzeug hatten wir sicher entsorgt. Da wir nicht sagen konnten, wer wir waren, wurden wir mitgenommen in die Ausnüchterungszelle der Polizei. Gleichzeitig waren wir ja Augenzeugen und sollten unsere Beobachtungen zu Protokoll geben. Wir schliefen über 48 Stunden unseren Rausch aus. Komisch, ich hatte immer den gleichen Traum. Flucht mit dem Auto, Verfolgung und Feuer - aber irgendwie bekam ich dies alles nicht mehr ganz auf die Reihe. Auch die Befragung durch die Polizei brachte keine neuen Erkenntnisse. Sie tappte völlig im Dunkeln! Zum Glück für uns! Uns bescheinigte man einen tiefen Schock durch traumatische Erlebnisse! Wir konnten endlich nach Hause gehen.

Ja, das war der Versuch der Erklärung, warum ich leider nicht zu dir kommen konnte. Ich will hoffen, dass meine Sätze nicht ganz so chaotisch sind wie das letzte Wochenende. Mein lieber Schatz, ich werde noch einige Tage brauchen, um mich von den Ereignissen der letzten Tagen zu erholen. Ich brauche jetzt erst einmal viel Ruhe!

Daher sage ich dir für heute erstmal tschüs und bis die Tage!

Dein Fritz

Im Supermarkt

Hallo mein lieber Schatz,

Du glaubst gar nicht, wie froh ich bin, dass du die ganzen Therapien bisher so gut überstanden hast. Es ist sicher nicht einfach für dich, aber du hältst dich sehr tapfer. Aber auch dies werden wir gemeinsam schaffen und meistern.

Ich freue mich, wenn ich am Wochenende wieder bei dir sein kann. Was soll ich dir mitbringen? Sprich mir dies auf den Anrufbeantworter, dann kann ich das noch besorgen.

Jetzt möchtest du sicher gerne erfahren, wie ich die letzten Tage verbracht habe. Eigentlich gibt es da nicht viel zu erzählen, da ich, wie du weißt, ja für vier Tage mal wieder auf einer Hausmesse gestanden habe. War echt nicht viel los und dafür der ganzen Aufwand...

Aber etwas gibt es doch! Und das kam so:

Als ich von dieser Messe heimfuhr, fiel mir siedend heiß ein, dass ich noch etwas einkaufen muss, um etwas zu essen im Hause zu haben. Ich also schnell einen Supermarkt angesteuert, mir den Einkaufswagen geschnappt und ab hinein in. Es war recht voll. Ich ging so durch die Reihen, da ich ja mir keinen Zettel gemacht hatte, und suchte eben die Waren, die ich gebrauchen konnte. Als ich so ging, fuhr mir eine ältere, sehr korpulente Dame mit ihrem Einkaufswagen so was von voll in die Hacken hinein, dass ich ins Trudeln kam und mit einem großen Satz und meinem Einkaufswagen direkt auf den Eierstand zuraste. Gleichzeitig kreuzte eine junge Frau meinen Weg.

Laut schreiend wollte ich auf mich aufmerksam machen, aber es war zu spät. Mit voller Wucht rammte ich sie, sie verlor das Gleichgewicht und ging ab in eine Regalfläche, wo unter anderem auch das Mehl stand. In einer großen, weißen Wolke verschwand sie. Ich war ja noch auf dem Weg zum Eierstand. Durch den Aufprall kam ich aber etwas von der Richtung ab, touchierte ein Regal, auf dem zahlreiche Gläser und Flaschen standen. Mit viel Glück und einer schnellen Reaktion konnte ich ein Einschlagen meiner Person gerade noch verhindern, aber eine Reihe von Gläsern und Flaschen musste daran glauben.

So ergoss sich der Inhalt auf den Boden. Während ich weiter mit hohem Tempo in Richtung Eierstand war, konnte ich aus dem Blickwinkel beobachten, wie sich auf der anderen Seite ein weiteres Drama anbahnte. Jetzt war ein Teil der Flüssigkeit aus den zerstörten Gläsern und Flaschen, was ja natürlich eine brisante Mischung ergab, unter dem Regal in den anderen Gang gelaufen. Auf einmal gab es einen lauten Schrei und man konnte nur noch das Bersten eines Regals verfolgen. Teile flogen durch den Laden und weitere Schreie und Stürze bahnten sich an. Panik entstand! Ich war immer noch auf dem Weg in Richtung Eierstand. Laut schreiend wollte ich noch einige Kunden auf den bevorstehenden Einschlag aufmerksam machen, aber bis die mal reagierten, schlug ich wie ein Geschoss ein.

Die Kartons mit den Eiern flogen in einem hohen Bogen davon, über mich ergoss sich eine Lawine von Eigelb und weißem Dotter. Ich versuchte aufzustehen, aber überall war es glatt und so schlingerte ich herum, um dann mit voller Wucht in einem Regalstand zu landen, wo Käse und Milchprodukte lagerten.

Die Mischung wurde immer brisanter. Die junge Frau, welche in einer weißen Wolke von Mehl unterging, rappelte sich mühsam auf, um im gleichen Augenblick wieder ins Mehl zurückzufallen.

Auf der anderen Seite wurde das Chaos, auch bedingt durch die sich um greifende Panik, immer schlimmer und wilder. Jeder versuchte aus dem Laden zu kommen, aber dadurch passierte eigentlich immer mehr. Viele fielen in die Regalsysteme hinein und brachten sie regelrecht zum Einsturz. Ein totales Chaos!

Als ich so aus dem Regal rausschaute, eingebettet in Eigelb, Milch und Käse, sah ich die Verursacherin allen Unglückes, wie sie sich gerade über einen Herrn beschwerte, der ihr nicht schnell genug den Weg freimachte. Um ihre Ansprüche durchzusetzen, setzte sie auch ihren Regenschirm ein. Mich hielt es nicht mehr länger in meinem Regal und ich unternahm alle Anstrengungen, um hier herauszukommen, was aber nicht so einfach war. Aber ich wollte um jeden Preis diese Dame daran hindern, dass sie den Laden verlässt, um sie zur Rechenschaft für den Schaden, den sie ja ausgelöst hatte, zu ziehen.

Mehr fallend als laufend versuchte ich die Dame zu erreichen, aber auf dem mittlerweile sehr glatten Untergrund war dies ein schwieriges Unterfangen. Mehrfach fiel ich auf den Boden, rappelte mich wieder auf, dabei nach allem möglichen Halt suchend, sicher auch den einen oder anderen ebenfalls zu Boden reißend. Aber mit viel Energie und einer gehörigen Portion Wut im Bauch ging es weiter, da ich nur noch ein Ziel kannte: Diese Dame zu stoppen, bevor sie den Markt verlässt. Zum Glück wehrte sich der Herr mit aller Macht gegen die Schläge mit dem Regenschirm dieser Dame, was mir die Zeit gab, ihr näher zu kommen. Auf dem Weg dahin musste ich mich über umgefallene Regale, über zerbrochene Gläser und Flaschen, über einen mit Waren übersäten Boden quälen. Dann hatte ich es geschafft! Endlich war die Dame in meiner Reichweite.

Jedoch musste ich aufpassen, dass ich nicht von dem mit voller Kraft geführten Regenschirm geschlagen wurde. Der Kampf wurde immer heftiger. Die Schläge prasselten auf den Herrn nieder. Nur mit Mühe konnte er sich der Schläge erwehren. Je länger er standhielt, desto wütender wurde die Frau und die Schlagzahl wurde immer höher. Einer Serie konnte er gerade noch ausweichen, aber die nachfolgende traf ihn mit einer solchen Wirkung, dass er wie ein Boxer nach einer glasharten Rechten regelrecht zu Boden stürzte, mit voller Wucht in ein Gemüseregal einschlug und es zu Boden riss. Anstatt aufzuhören, schlug die Frau weiter auf den Liegenden ein. Zahlreiche Schläge trafen ihn hart. Er schrie vor Schmerzen.

Mit der letzten mir noch verbleibenden Kraft machte ich einen großen Satz. Unter genauester Beobachtung des kreisenden Schirmes gelang es mir, die Dame anzuspringen und sie in ein Regal zu stoßen. Durch das große Gewicht ihrer und meiner Person brach das Regal in sich zusammen und sein gesamter Inhalt ergoss sich auf uns. Zum Glück landete ich in einem

Bereich, wo es mehr Tüten und Verpackungen gab. Sie hatte etwas weniger Glück oder besser gesagt gar keins, denn aus der oberen Reihe fiel, wie an einer Perlenschnur aufgereiht, eine Dose nach der anderen auf ihren Körper. Die letzte traf sie am Kopf, und damit wurde ihr Wutanfall jäh gestoppt.

In der Zwischenzeit hatte der Marktleiter die Polizei und den Rettungsdienst alarmiert. Ein Großaufgebot fuhr vor. Draußen bildete sich eine riesige Menschentraube. Alle starrten in den Markt hinein.

Es gab zahlreiche kleine Verletzungen wie Stauchungen und Prellungen. Am schlimmsten hat es durch das Duell mit der Dame aber den Herrn getroffen. Nicht nur, dass er zahlreiche Blutergüsse erlitten hatte, nein, sein Kopf war mit zahlreichen Beulen regelrecht übersät. Beide Augen waren zugeschwollen und wurden von zwei großen Veilchen geziert.

Ich hatte Glück im Unglück, mir ist zum Glück nichts passiert außer ein paar Kratzern und zwei großen blauen Flecken an meiner Ferse. Die Ursache für das Chaos... Gut, meine Klamotten waren natürlich total verdreckt. Zum Glück hatte ich ja einen Koffer von der Messe mit und konnte mich so noch schnell umziehen.

Die Dame kam nach einiger Zeit wieder zu sich. Vier Polizisten versuchten sie mit vereinten Kräften aus dem Regal zu befreien. Zwei weitere kamen noch dazu und schafften es nach mehreren Anläufen, sie aus dem Regal zu ziehen. Sie hätten das besser nicht getan!

Kaum war sie auf den Beinen, griff sie nach ihrem Regenschirm und prügelte auf die Beamten ein. Acht

Polizisten waren nötig, um die völlig renitente Dame zu bändigen. Einer bemerkte eine starke Alkoholfahne. Mit vereinten Kräften wurde sie dann in den Polizeibus verfrachtet und abgefahren.

Nachdem wir unsere Aussagen gemacht hatten, konnten wir unsere Wege fortsetzen. An einen Einkauf war nicht mehr zu denken.

Ich war froh, als ich endlich zu Hause war. Nachdem ich mich wieder einigermaßen hergerichtet hatte, bin ich dann in den Ort gegangen und habe mir im Brauhaus ein Gericht und ein großes Weizenbier bestellt.

Diesen Einkauf werde ich auch nicht so schnell vergessen.

Mein Schatz, für heute schließe ich meinen Brief und freue mich schon auf Sonntag, wenn ich wieder bei dir bin. Bis dahin sende ich dir einen lieben Kuss und sage tschüss.

Dein

Schatz Fritz

Die Grüne Witwe

Hallo mein lieber Schatz,

es war ja mal wieder ein schönes Wochenende, als ich bei dir sein konnte. Gut, dass wir noch einmal einen so schönen, sonnigen Herbsttag erleben konnten. Das Eis hat es dir ja besonders angetan. Aber ich weiß ja, dass du ein kleines „Schleckermäulchen" bist.

Nun, meine Heimfahrt ging recht gut vonstatten - bis kurz vor Köln. Da kam ich in einen Stau hinein, aber zum Glück löste der sich wieder recht schnell auf. So bin dann noch rechtzeitig am Abend wieder zu Hause gewesen.

Sonst geht alles seinen gewohnten Gang. Ich halte mich und unser Haus in Ordnung, so dass du eigentlich mit mir sehr zufrieden sein kannst.

Aber dieser Tage ist mir eine komische Sache passiert. Aber lass mich dir das der Reihe nach erzählen:

Seit Tagen werde ich, wenn ich im Ort zum Einkaufen gehe, immer von einer netten Frau, welche in meinem Alter ist, gegrüßt. Ich weiß leider nicht, wer das ist. Vielleicht kennt sie ja dich? Ich habe das Gefühl, dass sie mich regelrecht abpasst, zumal ich ja immer zu denselben Zeiten im Ort unterwegs bin.

Gestern habe ich mir entgegen meiner Gewohnheiten mal eine Tasse Kaffee und ein Stück Kuchen im Cafe Mies gegönnt. Es war recht voll. Zum Glück war noch ein kleiner Tisch in einer Ecke frei und ich setzte mich an diesen Tisch. Der Kuchen sah lecker aus und die Tasse Kaffee strömte einen herrlichen Duft aus. Dabei kam mir ein Einfall zu einer neuen Geschichte. In meine Geschichte vertieft, sprach mich auf einmal diese bewusste Dame an, ob sie sich zu mir setzten könne, da kein anderer Platz frei wäre. Ich wollte nicht unhöflich sein und gab mein okay. Das hätte ich mal lieber nicht getan, denn damit begann der ganze Schlamassel. Sie wollte sich gerne mit mir unterhalten, aber ich war leider sehr mit meiner Geschichte beschäftigt. So kam natürlich keine rechte Unterhaltung auf. Sie redete und redete, ich gab nur mal ein kurzes „Hm" von mir. Wer uns sah, konnte denken, wir wären schon seit fünfzig Jahren verheiratet. Als ich gerade an einer entscheidenden Stelle angekommen war, wurde sie von einer Dame unsanft angestoßen, warf die Kaffeetasse um, der Kaffee floss über den Tisch und anschließend über meine helle Hose. Der Kaffee war noch sehr heiß und tat seine Wirkung auf den Stellen, über die er gelaufen ist. Ich bekam ganz neue Gefühle.

Die Dame war schnell mit einem kalten Lappen zur Stelle, um den Kaffee aufzunehmen und mich von dem Fleck zu befreien. Aber anstatt zu reinigen, wurde meine Hose immer nasser und die nasse Stelle auf der Hose immer größer. So konnte ich ja nicht nach Hause gehen. Das sah ja aus, als wenn ich Dünnpfiff gehabt hätte und das nicht nur einmal. Meine „Tischdame" bot mir an, da sie nicht weit von hier wohne, also fast um die Ecke, mir einen Ersatz von ihrem Mann zu geben, damit ich gesittet nach Hause gehen konnte. Was blieb mir anderes übrig, als mich darauf einzulassen? Mit einer umgebundenen Schürze verließen wir den Ort des Geschehens. Auf der Straße boten wir ein Bild wie aus einer Komödie. Zum Glück war es nicht weit und als wir in der Wohnung waren, wurde ich gebeten, meine Sachen auszuziehen, damit sie diese auswaschen könnte. Sie würde mir ein paar Sachen geben. Ich zog meine verschmutzten Sachen aus und mir erstmal das über, was meine Helferin mir hinlegte. Ich konnte doch nicht nackig im Raume stehen bleiben!

So steckte ich dann in Spitzenhöschen und einem seidenen Morgenmantel. Es fehlten nur die Puschen mit dem Puschel und die Haaraufdreher. Dann hätte ich als Witwe Nimmersatt durchgehen können. Was dann aber kam, verschlug mir fast den Atem. Da kam sie, nur in einem Hauch von Seide bekleidet, auf mich zu und versuchte mich wild anzumachen. Ich versuchte zu flüchten. Aber wohin? Egal wo ich hinlief, sie war hinter mir. Es ging durch das Wohnzimmer, die Küche, das Esszimmer. In einer kleinen Verschnaufpause fragte ich sie: „Wo ist Ihr Mann?" Sie sagte: "Er ist zur Kur und kommt erst in vier Wochen wieder zurück."

Dann ging die Jagd weiter. Jetzt noch schlimmer - über Tisch und Stuhl. Beinahe hätte sie mich zu fassen bekommen, aber ich konnte mich nochmals aus ihren gierigen Fängen befreien. Allerdings unter dem Verlust des Morgenmantels. Jetzt lief ich im Spitzenhöschen weiter. Sie immer hinter mir her. Wo sollte ich nur hin? Da, noch eine neue Tür. Ich riss sie auf und dann hinein. Oh Gott, ich war ins Schlafzimmer gerannt. Ehe ich mich versah, wurde ich mit einem Schwung direkt ins Bett gestoßen. Bevor ich mich aufrappeln konnte, spürte ich den Körper einer nackten Frau auf mir, die mich gierig überall befingerte und sich schon am Ziel ihrer Träume wähnte. Nur durch einen kräftigen Ruck konnte ich mich aus der Umklammerung befreien.

Mit einer letzten Anstrengung bekam sie mein Spitzenhöschen zu fassen, aber zum Glück gab die Naht nach und unter Verlust dieses Höschen gelang mir die Flucht. Ich riss eine mir unbekannte Tür auf, lief hindurch und ließ sie hinter mir ins Schloss knallen. Ich schnaufte tief durch und wurde im gleichen Atemzug blass. Ich stand im Treppenhaus und plötzlich standen drei weitere Weiber vor mir und alle mit einem Blitzen in den Augen, was nicht Gutes verhieß! Was sollte ich nur machen? Sie kamen mir immer näher! Zurück konnte ich nicht. Oder? Nach draußen jedenfalls so auch nicht!

Die Lage wurde immer bedrohlicher für mich. Hinter mir öffnete sich plötzlich die Tür. Ein Aufschrei ging durch das Treppenhaus. Für mich das Zeichen, dass es Zeit wurde, sich zu entfernen. Also nahm ich den gesamten Mut zusammen, lief mit einem lauten Schrei durch die verdutzten Weiber hindurch, das Treppenhaus hinunter und raus auf die Straße. Wohin? Da, ein Strauch! Schnell hinter ihn und einmal tief durchatmen.

Da nahte Hilfe! Eine junge Frau kam vorbei. Ich versuchte ihr in kurzen Worten klarzumachen, in welcher Lage ich mich befand. Aber sie war jetzt neugierig geworden und wollte sich persönlich davon überzeugen. Oh, diese Weiber! Mit vielen guten Worten konnte ich sie überzeugen, dass ich mich wirklich in einer peinlichen Notlage befinde. Da wurde die Haustür aufgerissen und vier glühende Weiber, davon eine noch nackt, rannten heraus. Ich konnte nur noch schnell der jungen Frau zurufen, dass dies die Heimsuchung wäre und ich jetzt wegmüsste.

So schnell ich konnte lief ich in Richtung der Bahnlinie, da hier ein Fußweg entlangführte, der etwas versteckt lag. Kaum war ich auf diesem Weg, da trat ich in eine sogenannte „Tretmime". Auch das noch, dachte ich bei mir. Aber mittlerweile war mir das auch schon egal. Im Ort gab es eine große Aufregung. Die Polizei war auch schon eingetroffen und nach mir wurde umfangreich gefahndet. Währenddessen huschte ich von Strauch zu Strauch aus dem Ort heraus und versuchte über die Felder in Richtung Heim zu kommen. Aber dies war nicht einfach. Denn irgendwann gab es keine Sträucher mehr und ich musste mehr robben, als dass ich laufen konnte.

So harrte ich erstmal an einer sicheren Stelle aus, um die Dunkelheit abzuwarten. Erst gegen 22 Uhr war es dunkel genug, damit ich mein sicheres Versteck verlassen konnte. So schlich ich wie ein Indianer auf Kriegspfad nach Hause. Als ich endlich vor der Tür stand, merkte ich, dass ich keinen Schlüssel bei mir hatte.

Jetzt war ich endlich zu Hause und ich kam nicht hinein! Mein Verstand konnte es nicht fassen. Wo waren meine Schlüssel? Ach ja, in meiner Hose und die lag noch bei der heißen, grünen Witwe! Was tun? Bei den Nachbarn gingen die Rollladen hoch. Die Tür öffnete sich. Ich schnell über unser Törchen und hinter der Mauer Schutz gesucht. Gott sei Dank, sie haben mich nicht bemerkt. Noch nach Luft schnappend an der Wand stehend, sah ich plötzlich durch die lichte Hecke meine rückwärtigen Nachbarn im Garten rumlaufen. Hoffentlich entdecken sie mich nicht, schoss es mir durch den Kopf. In einem unbewachten Augenblick machte ich mich davon. Ob ich wollte oder nicht. Ich musste zu der grünen Witwe, denn da lag mein Schlüssel. Nach einem langen Weg erreichte ich endlich die Wohnung, klingelte, es wurde aufgemacht und ich trat hinein. Ein Strahlen lag auf ihrem Gesicht. Meins war eher gequält. Ich bat sie, mir doch meine Sachen zu geben, vor allem meinen Haustürschlüssel, damit ich in meine Wohnung gelangen könnte. Sie sagte, den

Schlüssel könne ich haben, aber ich müsste mir den schon selber holen. Und wo der ist, könne ich mir wohl denken, oder?

Was sollte ich bloß tun, bei so viel Niedertracht?

Was hättest du wohl an meiner Stelle getan?

In diesem Moment fiel mir eine Szene aus dem Stück „Der Widerspenstigen Zähmung" ein. Ich schnappte sie, legte sie auf meine Knie und versohlte ihr den nackten Hintern. Das musste ihr aber gefallen haben und reizte sie noch mehr. Sie schnappte mich, legte mich flach und lag über mir. Was dann geschah, lag außerhalb meines Verstandes. Nach vier Stunden schlich ich mit meinen Sachen und meinem Schlüssel aus der Wohnung, aber zurück blieb eine glücklich strahlende grüne Witwe.

Am nächsten Tag stand ein großer Artikel in der Zeitung, leider fehlte der Schluss. Ich wollte ihn eigentlich noch korrigieren lassen, hab es dann doch unterlassen.

So sage ich dir mal für heute tschüs und freue mich schon auf Samstag, wenn wir uns wiedersehen, und verbleibe mit einem lieben Kuss.

Dein Fritzibärchen

Die Heimkehr

Hallo mein lieber Schatz,

ich hoffe, es geht dir gut? Ich war gestern sehr überrascht, als ich die Nachricht erhielt, dass deine Verletzungen jetzt ausgeheilt sind und du wieder nach Hause kommen kannst. Darüber habe ich mich natürlich sehr gefreut. Aber dann befiel mich eine panische Angst und meine Nerven fingen an zu flattern. Du brauchst keine Angst haben, es ist alles soweit in Ordnung. Aber ich habe vor ein paar Tagen angefangen zu renovieren. Wir hatten ja darüber gesprochen. Kannst du nicht schauen, dass du noch eine Woche länger bleiben kannst, damit ich fertig bin, wenn du dann kommst?

Bitte tu mir doch den Gefallen! Ja?

Schau, wenn man so alleine eine Renovierung durchführt, kann es natürlich auch zu kleinen Missgeschicken kommen, die dann eine Renovierung leicht aufhalten können.

Aber lass dir das in Ruhe erzählen.

Zuerst habe ich in der Küche angefangen. Hier versuchte ich, etwas mehr Farbe hineinzubringen und habe eine neue Wischtechnik angewandt. Das Ergebnis kann sich sehen lassen. Zu unserer Eichenküche passt die dunkelgrüne Farbe mit einem Hauch von Gold total schick zusammen. Die Vorhänge habe ich abgenommen, da diese nicht mehr nötig waren, weil auch die Fensterscheiben in einer gewissen Weise den gleichen Anstrich erhielten wie die Wände.

Sieht aber total klasse aus. Du wirst erstaunt sein!

Dann ging es weiter in der Diele. Hier habe ich einen rötlichen Anstrich verwendet, da ich erstens noch eine Menge der roten Farbe hatte und die eben halt zu unserer Mahagoni - Einrichtung bestens passt. Durch eine neue, intime Beleuchtung bekommt der Eingangsbereich eine ganz neue Dimension.

Das Wohnzimmer ist zur Zeit noch eine Baustelle, da ich ja die Schränke leerräumen musste, damit ich die Schränke von der Wand ziehen kann, um dahinter zu streichen. Da ist noch eine Menge Arbeit anliegend. Hier dachte ich, anstelle des langweiligen Weiß, an einen der modernen Terrakotta-Töne. Muss super aussehen! Was hältst du davon?

Im Treppenhaus hatte ich gestern angefangen und konnte schon recht weit kommen. Jetzt habe ich, da ja die Farben miteinander harmonieren sollen, im unteren Bereich mit der gleichen Farbe angefangen wie im Eingangsbereich, und werde, auch ein Vorteil der Wischtechnik, mit einer helleren Farbe weitermachen, so dass ich in der oberen Diele in einem gelben Ton weiterarbeiten kann. Bis hierhin ging ja auch alles glatt. Aber gestern Abend passierte mir ein Missgeschick, als ich gerade an der Wand war, welche hinauf in das Dachstudio führt. Wie du weißt, ist es hier recht schwierig eine Leiter zu stellen, um in der Höhe noch zu arbeiten. Aber du weißt auch, dass ich ein sehr praktisches Talent besitze, immer eine Lösung zu finden. So habe ich mir eine Plattform gebaut, damit ich besser die Leiter stellen und dort die Wand sauber streichen konnte. Gesagt, getan! Ich hatte schon den einen großen Teil der Wand gestrichen und wollte gerade eine weitere Stufe der Leiter erklimmen, da hörte ich so ein komisches Geräusch. Und schon war ich unterwegs abwärts im Treppenhaus. Mit mir die Farbe, welche sich höchst stilvoll über das Treppenhaus ergoss. Die Wände, der Fußboden, der Teppich - alles strahlt jetzt in einem schönen satten Gelb. Aber das kann ich ja so nicht lassen. Das wirst du doch auch sicher verstehen. Jetzt muss ich erstmal warten, bis die Farbe getrocknet ist, um sie abzulösen.

Bei meinem Sturz in die Tiefe flogen leider auch zwei Bretter in Richtung Badezimmer. Ein Brett bohrte sich in die Toilette hinein. Die Keramikschüssel hielt leider dem Aufprall nicht stand und zerbrach in tausend Teile. Das zweite Brett suchte das Weite und rauschte durch das Fenster in Nachbars Garten. Hier musste eine griechische Statue dran glauben. Zum Glück sind wir ja versichert.

Also ist das Bad zur Zeit leider nicht zu benutzen. Siehst du, auch ein Grund, noch eine Woche länger zu bleiben.

Gestern muss aber ein schlechter Tag für mich gewesen sein. Wie heißt es so schön: Ein Unglück kommt selten allein.

Da es ja in den Nächten noch recht kalt wird, dachte ich bei mir, da stellst du noch einen Gasstrahler oben hin, damit das alles wieder schneller abtrocknen kann. Mit Mühe habe ich den Strahler über das doch recht mitgenommene Treppenhaus geschleppt. Oben angekommen, habe ich den Strahler platziert und angezündet. Dann wurde es Zeit, dass ich mir mal etwas zu essen machen sollte. Ich also runter in die Küche, legte mir ein schönes, großes Steak in die Pfanne und machte mir noch einen Salat. Als ich gerade dabei war, dass Steak in der Pfanne zu drehen, gab es einen lauten Knall und Teile prasselten durch die Luft. Ich schaute aus dem Küchenfenster und sah, wie Ziegel durch die Luft wirbelten. Dann flog eine Truhe vorbei. Die kam mir irgendwie bekannt vor! Dann düsten weitere Teile vorbei, die ich irgendwie kannte. Ich sagte nur noch: "Das kenne ich auch!"

"Und dies kommt mir auch bekannt vor!" So langsam dämmerte es mir. Ich wollte mal oben nachsehen und ging zur Treppe. Was ich dann sah, verschlug mir die Sprache. Schatz, obwohl es zum Weinen war, musste ich lachen. Ich schaute, völlig sprachlos, in den nachtblauen Himmel, sah den "Großen Wagen" über uns stehen und dachte noch so bei mir: "Ein traumhafter Ausblick!"

Voller Demut, voller Staunen schaute ich hinauf in den sich mir so toll darbietenden Sternenhimmel.

Plötzlich sah ich aber auch ein Flammen aufleuchten. Ich dachte zuerst an ein Wetterleuchten.

Plötzlich fiel mir mein Steak in der Pfanne ein. Ich raste hinunter, aber weit kam ich nicht mehr. In der neuen, frisch renovierten Küche herrschte ein Inferno ohnegleichen. Mit viel Mühe konnte ich gerade noch den Weg durch das Wohnzimmer in den Wintergarten und von dort nach draußen nehmen. Im Inneren tobte die Hölle! Das größte Unglück war, dass ich die zahlreichen Farbeimer nicht mehr retten konnte. Jetzt ging einer nach dem anderen in dieser Feuerhölle auf.

Dann hörte ich schon die Martinshörner der Feuerwehr. Über 20 Züge rauschten heran. Polizei und Krankenwagen folgten. Die Nacht wurde taghell erleuchtet durch die zahlreichen Scheinwerfer.

Dann hieß es "Wasser marsch" und das Wasser ergoss sich über unserem Haus. Zum Glück konnte die Feuerwehr das Feuer nach zwei Stunden unter Kontrolle bringen.

Es ist nicht mehr viel übrig geblieben. Der Dachstuhl ist nur noch zu erahnen. In den unteren Räumen sieht es ähnlich aus. Aber eins haben wir jetzt. Das was du dir immer gewünscht hast. Einen Swimmingpool! Allerdings nicht draußen, sondern im Keller. Aber das können wir ja bei der neuen Gestaltung berücksichtigen.

Lass mich erstmal alles aufräumen! Oder, damit ich nicht so allein bin, besorge ich uns einen Wohnwagen, wo wir einige Zeit übernachten und du mir dann bei der Renovierung oder besser gesagt bei dem Neuaufbau helfen könntest.

Bitte sag mir Bescheid, wann du kommen willst, damit ich alles vorbereiten kann. Ich freue mich so sehr auf dich. Ruf mich bitte bald an! Bitte aber nur über das Handy. Alles andere gibt es nicht mehr.

In großer Freude, dich wieder in die Arme schließen zu können, sage ich für heute erst einmal tschüs!

Dein Schatz

Fritz

PS. Morgen fange ich mit dem Aufräumen an! Versprochen!

Schlusswort

Ja, als Strohwitwer, vor allem wenn man so plötzlich dazu verdonnert wird, hat man es nicht einfach.

Aber die vergangenen Wochen und Monate haben es gezeigt, dass wir Männer, wenn wir in diese Lage geraten, uns zu helfen wissen und mit der uns eigenen Kraft aus allen Verstrickungen lösen können.

Es zeigt aber auch, dass wir keine Angst zu haben brauchen, wenn wir uns an rein weibliche Arbeiten im Haushalt heranwagen müssen. Dank des Erfindungsgeistes und der Gabe, unbekannten Situationen ins Auge zu blicken und des unerschütterlichen Selbstvertrauens, welches uns Männer ja auszeichnet, können wir auch diese Aufgaben meistern.

Ich weiß, die holde Weiblichkeit traut uns in dieser Beziehung rein gar nichts zu. Und doch müssen sie immer wieder neidlos feststellen, dass wir auch alleine durch das Leben kommen! Vielleicht nicht so perfekt, aber uns reicht das. Wir wollen nicht perfekt sein, denn wir finden wieder zum Ursprung des Lebens zurück. Vieles verkommt dann zur Nebensächlichkeit. Als ob wir als einsamer Wolf durch die Prärie streifen, nach dem Motto: „ Jagen und essen, das reicht!“

Ich fand die letzten Monate trotz aller kleinen Pannen, sehr schön. Man konnte so sein, wie man ist. Keine Frauenstimme, die einen wieder ermahnte oder zurechtwies. Keine hohen Ansprüche, keine Ermahnungen, keine Verstimmungen, keine Ärgernisse. Eine traumhafte Zeit! Ich habe sie sehr genossen.

Natürlich gab es auch etwas Wehmut. Zu gewissen Zeiten brauchen wir Männer halt ein weibliches Wesen um uns herum.

Aber halt nur zu gewissen Zeiten!

Drum seid froh, wieder Zeit für euch allein zu haben, denn wir Männer brauchen Abenteuer! Auch wenn sie nur im Haushalt stattfinden…

In diesem Sinne

Fritz Valtner, im April 2009